残疾人大众足球指导手册

（下）

中国残疾人体育运动管理中心　主编

北京体育大学出版社

策划编辑　吴海燕　王泓滢

责任编辑　王泓滢

责任校对　张志富

版式设计　联众恒创

图书在版编目（CIP）数据

残疾人大众足球指导手册.下/中国残疾人体育运
动管理中心主编. -- 北京：北京体育大学出版社，
2024.9. -- ISBN 978-7-5644-3899-9

Ⅰ.G843-62

中国国家版本馆CIP数据核字第2024NH9137号

残疾人大众足球指导手册（下）
CANJIREN DAZHONG ZUQIU
ZHIDAO SHOUCE (XIA)　　　　中国残疾人体育运动管理中心　主编

出版发行：北京体育大学出版社

地　　址：北京市海淀区农大南路 1 号院 2 号楼 2 层办公 B-212

邮　　编：100084

网　　址：http://cbs.bsu.edu.cn

发 行 部：010-62989320

邮 购 部：北京体育大学出版社读者服务部 010-62989432

印　　刷：唐山玺诚印务有限公司

开　　本：710mm×1000mm　　1/16

成品尺寸：170mm×240mm

印　　张：9

字　　数：112 千字

版　　次：2024 年 9 月第 1 版

印　　次：2024 年 9 月第 1 次印刷

定　　价：58.00 元

编制工作组名单

统　筹：周　坤

监　制：李春满

主　编：李春满　高　凡　聂柏其　张春武　刘宝华

　　　　高胜杰　张业勤　土法鹏　李　翔

成　员：张浩嘉　刘子彧　查润泽　崔　鹏　白斌华

　　　　孟令泽　蒀世豪　丁　琨　李睿庭　刘泽鑫

　　　　周　芮　宋英哲　贺　明　刘　琦　闫立春

　　　　代青松　于　淼

　　　　（排名不分先后）

前 言

　　足球被誉为"世界第一运动"，深受世界各地人民的喜爱。因具有身体对抗性、思想整体性、技战术多变性及规则易行性等特点，足球运动在残疾人群体中同样拥有着广泛的群众基础。实践证明，大力发展残疾人足球运动，经常性开展残疾人足球项目比赛及训练活动，对于增强残疾人的体质、培养残疾人良好的意志品质、激励残疾人拼搏奋斗的精神、促进残疾人的身心健康和融入社会均具有重要作用。足球运动是推动残疾人体育事业不断向前发展和带动残疾人更加积极、活跃地参与康复健身的一个重要手段。

　　改革开放以来，在党和政府的关心和重视下，残疾人体育得到充分发展。足球运动无论是在残疾人竞技体育中还是在残疾人群众体育中都取得了较好的运动成绩和发展进步。盲人足球是非常具有代表性、观赏性和社会认知程度较高的残疾人竞技体育比赛项目。在残疾人奥林匹克运动会上，我国的盲人足球项目一直保持着优异的比赛成绩。这充分体现了我国残疾人足球运动的发展水平。但与之相比，在聋人足球、特奥足球等运动项目领域仍存在发展不平衡、投入不足、后备人才缺失、运动水平与国际水平有差距等诸多问题，尤其在开展群众性足球项目普及推广的过程中，基层残疾人足球教练员、裁判员人才匮乏，缺少专业技术指导等方面的问题突出。这在一定程度上影响了我国残疾人足球运动的快速普及与全面发展，残疾人日益增长的足球运动参与需求难以得到满足。

　　2015年10月，党的十八届五中全会明确提出推进健康中国建设，我国陆续出台了《"健康中国 2030"规划纲要》《健康中国行动（2019—2030 年）》《体育强国建设纲要》等政策性文件，特别是中国残疾人联合会和国家体育总局联合印发了《中国残联 国家体育总局关于进一步加强残疾人康复健身体育工作的指导意见》，为新时代开展残疾人体育工作指明了方向。在这些利好政策支持下，聚焦上述问题，为进一步引领我国残疾人足球运动发展，强化该领域人才队伍培养和专业技术指导服务，中国残疾人体育运动管理中心组建专项工作组编制了本手册，以更好地指导和帮助广大残疾人足球从业者和残疾人足球爱好者科学、规范地参与足球教学和比赛活动。

本手册在编写过程中兼顾了基于不同类别残疾人身心特点的分类指导要求以及基层教练员、裁判员和特殊教育学校、残疾人服务机构、社区残疾人体育从业者等不同人群的多样性学习需求，并将相关知识内容分为上、下两册。上册着重体现基础理论和实践教学内容，分为基础篇和教学篇两个篇章，主要涵盖了残疾人体育组织概况，残疾人足球运动概述，盲人足球、聋人足球、特奥足球运动员的身心特征、基本技战术、施教原则与训练指导建议，残疾人足球运动员的体能训练，残疾人足球运动中的运动损伤与急救处理等方面的内容；下册更强调组织实践和工作指导，分为组织篇和案例篇，以及足球专用手语、附录 4 个部分，主要涉及残疾人足球赛事组织管理与活动组织管理，聋人足球、特奥足球、盲人足球训练教案，赛事规程指导案例及足球专用手语等方面内容。本手册还特别附加了彩色图片，以便于读者更好地理解、掌握本手册中的有关知识和内容。我们衷心地希望本手册能够为广大读者参与、开展残疾人足球运动，促进残疾人足球运动的普及与发展提供一定的指导和帮助，书中若有不妥之处，敬请广大同人不吝赐教。

编者

2024 年 3 月

目录

组织篇

一、残疾人足球赛事组织管理

（一）赛事形式

全国残疾人运动会。此赛事是国内规格最高、规模最大、竞技水平最高、辐射带动作用最强的综合性残疾人运动会，也是全国残疾人足球运动最高级别赛事。

全国残疾人单项体育竞赛。此类赛事在竞赛分组、参赛资格、参赛办法、竞赛办法和分级规定等方面均有自己的特点。

地方综合性残疾人运动会。此类赛事参考全国残疾人运动会竞赛项目设置，结合自身发展实际，确定竞赛项目。

残疾人民间足球争霸赛。此赛事是残疾人群众体育品牌赛事，在残疾人群体中具有广泛的社会影响力和号召力，已成为广大残疾人足球爱好者的年度体育盛宴，该项赛事于2019年被中国足球协会纳入"人民足球"项目。

（二）项目类别

残疾人足球运动涵盖聋人足球、特奥（特殊奥林匹克运动，即智力残疾人参与的体育运动）足球、盲人足球及脑瘫足球四个项目类别。目前，我国开展较为广泛的是聋人足球、特奥足球及盲人足球项目，脑瘫足球因普及程度较低且参与人数较少，未列入各项赛事的正式比赛项目。

（三）赛事组织

1. 组委会

组委会由主办单位、承办单位及相关单位负责人组成，负责统一领导和落实赛事的各项筹备工作。

2. 工作机构

根据赛事规格、规模及特点，组委会下设宣传文秘组、财务组、竞赛管理组、后勤保障组、医疗服务组、颁奖礼仪组及安全保卫组等若干工作机构。

各个工作机构在组委会的直接领导和管理下履行各自的工作职责。工作机构的设置可视赛事的规格和规模而定。规格高、规模大的赛事一般要多设一些工作机构，规模较小的赛事可合并一些工作机构，但各项工作内容必须在工作机构中予以明确。

3.机构职责

（1）宣传文秘组主要负责制订赛事宣传方案、落实媒体邀请及新闻发布等工作。

（2）财务组主要负责制订赛事经费预算，落实经费审核、报销、结算等工作。

（3）竞赛管理组主要负责制订赛事工作方案，落实竞赛组织实施、场地器材及处置竞赛突发事件等工作。

（4）后勤保障组主要负责制订赛事接待、食宿、交通工作方案，落实报到、食宿和交通保障等工作。

（5）医疗服务组主要负责制订疫情防控、卫生监督和医疗救护工作方案，落实场馆、驻地、车辆疫情防控，食品卫生、赛场和驻地医疗服务等工作，处置医疗突发事件。

（6）颁奖礼仪组主要负责制订开幕式、闭幕式及志愿者培训方案，落实培训和分配志愿者，组织实施开幕式、闭幕式及颁奖仪式等工作。

（7）安全保卫组主要负责制订安全工作方案，落实赛事驻地、比赛场馆、车辆运行的安全保卫工作，处置各类紧急、突发安全事件。

（四）赛事保障

1.食宿和交通保障

运动员和技术官员驻地须分两处安排，驻地标准视赛事规格及经费而定，但需要保证干净、卫生、安全。驻地到赛场步行需10分钟以上的应有车辆接送。赛事承办单位根据赛事需要保障运动员驻地循环班车的运行。

2. 安全保障

赛事必须有专业人员负责安全保卫工作，以保证比赛期间的秩序和各方参赛人员的安全。

3. 医疗保障

赛事必须配备救护车、医生，以及自动体外除颤器（automated external defibrillator，AED）、担架等急救器械和急救药品，并在赛场内和驻地设置医疗救护站与医疗室，提供 24 小时医疗服务。根据防疫要求配备防疫设备和物资，包括但不限于：口罩、一次性手套、封闭式垃圾桶、红外体温测量仪、水银体温计、消杀设备、消毒液等。

4. 赛事保险

参赛单位必须为运动员办理人身意外伤害保险，并在赛前对参赛运动员进行一次全面的体检。

5. 经费保障

财物组根据财务制度制订经费预算。

（五）办赛流程及标准

1. 筹备阶段

组委会按照《办赛流程对照表》（附录 1）、《赛前检查项目对照表》（附录 2）内容，推进赛事组织工作有序进行。

2. 实施阶段

各工作组做好赛事运营保障工作，配合主办单位及时处置赛时突发事件，确保赛事顺利进行。《突发事件应急预案细则》详见附录 3。

3. 收尾阶段

组委会恢复场地，清点并回收器材及物资，汇总并上报比赛相关数据资料，撰写并上报赛事总结及决算，总结赛事亮点及不足，积累办赛经验。

（六）常用竞赛编排方法

在残疾人足球竞赛中，当参赛队伍为 8 支（含）以下时，采取单循环制；当参赛队伍为 8 支以上时，第一阶段采取分组循环制，第二阶段将视分组数量决定赛制。

1.单循环制

8 支队伍竞赛编排：每支队伍与其他 7 支队伍各进行一场比赛，共参加 7 场比赛。（表 1）

表 1　8 支队伍竞赛编排

轮次	对阵			
第一轮	1 对 8	2 对 7	3 对 6	4 对 5
第二轮	7 对 1	6 对 2	5 对 3	8 对 4
第三轮	1 对 6	2 对 5	3 对 4	7 对 8
第四轮	5 对 1	4 对 2	8 对 3	6 对 7
第五轮	1 对 4	2 对 3	5 对 7	6 对 8
第六轮	3 对 1	8 对 2	7 对 4	5 对 6
第七轮	1 对 2	3 对 7	4 对 6	5 对 8

5 支队伍竞赛编排：每支队伍与其他 4 支队伍各进行一场比赛，共参加 4 场比赛。（表 2）

表 2　5 支队伍竞赛编排

轮次	对阵		
第一轮	1 对 2	3 对 4	5 轮空
第二轮	5 对 1	4 对 2	3 轮空
第三轮	3 对 5	1 对 4	2 轮空
第四轮	2 对 5	3 对 1	4 轮空
第五轮	4 对 5	2 对 3	1 轮空

2.分组循环制

10支队伍竞赛编排：分组循环赛+淘汰赛。（表3）

表3　10支队伍竞赛编排

轮次	场序	对阵	场序	对阵	
第一轮	1	A_2 对 A_5	2	A_3 对 A_4	A_1 轮空
	3	B_2 对 B_5	4	B_3 对 B_4	B_1 轮空
第二轮	5	A_5 对 A_1	6	A_4 对 A_2	A_3 轮空
	7	B_5 对 B_1	8	B_4 对 B_2	B_3 轮空
第三轮	9	A_1 对 A_4	10	A_3 对 A_5	A_2 轮空
	11	B_1 对 B_4	12	B_3 对 B_5	B_2 轮空
第四轮	13	A_3 对 A_1	14	A_2 对 A_5	A_4 轮空
	15	B_3 对 B_1	16	B_2 对 B_5	B_4 轮空
第五轮	17	A_1 对 A_2	18	A_3 对 A_4	A_5 轮空
	19	B_1 对 B_2	20	B_3 对 B_4	B_5 轮空
第六轮（半决赛）	21	A组第一对B组第二	22	B组第一对A组第二	
第七轮（三、四名）	23	第21场的负者对第22场的负者			
第八轮（决赛）	24	第21场的胜者对第22场的胜者			

（七）体育道德风尚奖评选

1.评选办法

（1）竞赛管理组负责组织实施体育道德风尚奖评选工作。

（2）竞赛管理组由主办单位和技术团队有关人员组成。

（3）代表队及教练员体育道德风尚奖的评选，采用自评与推选相结合的方法，由竞赛管理组评选领导小组根据评选条件和听取有关方面意见审定批准。

（4）裁判员体育道德风尚奖的评选由技术团队负责推选，报竞赛管理组核定。

2.评选名额

评选面向代表队、教练员和裁判员。代表队、教练员的评选比例原则上为 3 ∶ 1；裁判员的评选比例原则上为 5 ∶ 1。主办单位可根据赛事实际情况调整评选比例。

（八）注意事项

1.年龄要求

在残疾人足球比赛中，应将运动员的健康和安全放在首位。组织方需综合考虑残疾人的身体承受能力、身体对抗能力和健康等方面的因素，建议参赛运动员为同年龄组。如果参赛运动员年龄相差较大，应考虑分组比赛，建议将年龄相差在 3 岁以内的参赛运动员分在同一组别。融合运动员年龄为 12 ~ 18 岁。

2.参赛资格

（1）在地方综合性残疾人运动会、全国残疾人单项体育竞赛中，参赛单位须为运动员办理比赛期间的人身意外伤害保险。运动员必须经过二级甲等（含）以上医疗机构体检，并取得医生签署的可以参加其所报项目的医疗证明，方可参加比赛。

（2）残疾人群众体育赛事的参赛运动员无须注册，不进行赛前医学分级，凭身份证和残疾人证参赛。凡在"中国残联残疾人运动员管理系统"注册的运动员不得参加残疾人群众体育赛事。特奥足球参赛运动员除满足上述要求外，还需提供智商证明并由其家长或监护人签署《特奥运动员参赛声明书》。残疾人竞技体育赛事的参赛运动员需进行赛前医学分级，凭身份证或户口簿等有效证件参赛。

（3）在确认参加残疾人足球比赛前，参赛单位和教练员应详细阅读了解所报项目的竞赛规程、规则和分级规定。

3. 名次录取与奖励办法

（1）比赛录取前八名，不足 8 队时减一录取。

（2）主办单位向获得前三名的代表队分别颁发金牌、银牌、铜牌和证书，向获得第四至第八名的代表队颁发证书。

二、残疾人足球活动组织管理

各地应结合残疾人节日，因地制宜地开展丰富多彩的残疾人足球活动，进一步丰富残疾人足球活动的形式与内涵，增加其多样性，增强其趣味性，提升其对广大基层残疾人足球爱好者的吸引力，大力营造积极、健康、向上的足球文化氛围。残疾人足球活动应紧扣活动主题并发挥示范作用。

（一）活动组织

开展残疾人足球活动需制订方案，明确活动主题、时间、地点、组织机构、参与群体、残疾类别、医务需求、活动设置和内容及活动流程。在保证残疾人人身安全的前提下，活动持续时间应控制在 4 小时以内。

（二）活动设置

根据活动人员数量，残疾人足球活动可分在不同场地进行。100 人以上需使用十一人制足球场，71 ~ 100 人需使用七人制足球场，50 ~ 70 人需使用五人制足球场。活动内容根据残疾类别设置，应突出"兴趣、健康、游戏、融合、快乐"的活动理念。

（三）活动方案示例

1. 活动背景

根据"××日"活动有关通知精神，为响应号召，积极体现公益性残疾人体育活动组织开展方面的示范作用和引领作用，拟于××××年××月××日联合××等单位，共同开展"××"的主题活动。

2. 活动主题

来，踢球吧！

3. 活动时间

××××年××月××日××：××—××：××

4. 活动地点

略。

5. 组织机构

主办单位：××

承办单位：××

协办单位：××

6. 参与群体

（1）盲人足球队员12人；

（2）特奥群体队员40人、特奥群体教练员4人；

（3）特殊教育学校在校学生40人、在校教练员4人。

7. 活动设置及内容

活动场地为一块标准的十一人制足球场，将足球场切割为4块小的活动区域，分别形成4块游戏区。（图1）

参与活动的人员被分为22人一组（每组由特奥群体队员和特殊教育学校在校学生混合组队，搭配特奥群体教练员和特殊教育学校在校教练员各1名），一共4组，在4块游戏区进行轮转游戏，每块区域游戏时间为20分钟。

游戏区1：盲人足球体验。

游戏区2：团队协作游戏。

游戏区3：糖果挑战，设置足球技巧挑战环节，如足球保龄球等，完成挑战可以获得糖果。

游戏区4：超级英雄足球挑战，组织足球对抗赛。

游戏区1　游戏区2　游戏区4　游戏区3

图 1　活动场地

　　每组在游戏区内游戏的同时会根据表现获得积分，4 个游戏总积分最高的小组获胜。

　　8. 活动流程

　　（1）7：30，场地布置就绪，工作人员就位。

　　（2）8：00—8：20，参与活动队员抵达场地，入口处设置队员专属签到板，队员用水彩笔签名或作画。

　　（3）8：30—9：00，活动组织人员向队员介绍游戏区域及活动内容，活动嘉宾抵达场地。

　　（4）9：00—9：15，领导讲话。

　　（5）9：15，活动开始。

　　（6）9：15—10：45，游戏时间（90 分钟）；盲人足球队员抵达场地，进行热身。

（7）10：50—11：20，盲人足球表演赛（30分钟）。

（8）11：20—11：30，主办单位为参加活动队员赠送足球，颁发奖牌。

（9）11：30，大合影，活动结束。

（四）游戏案例

游戏一：火线突破

1. 参与人群

听力残疾人、智力残疾人。

2. 方法

A队依次带球从红线前出发，B队一名队员在标志桶（锥形桶）区域内进行防守。A队带球队员必须突破B队队员防守的区域，突破后在蓝线前射门。（图2）

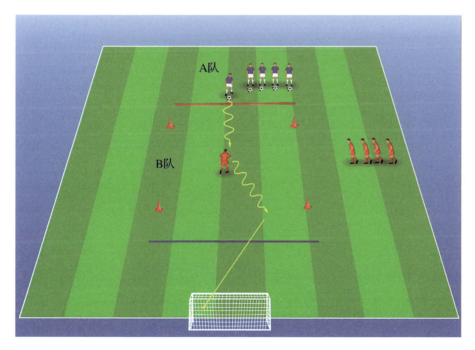

图2　火线突破

3. 规则

（1）A 队带球队员必须通过 B 队队员防守的区域，不能绕开，必须在蓝线前射门，射门成功得 1 分。

（2）B 队队员不能跑出标志桶区域进行防守，成功拦截或者破坏 A 队队员的进攻得 1 分，以把球踢出防守区域为原则。

（3）一轮结束后，双方可替换进攻、防守队员再战一轮，一次可进行 2 ~ 3 轮，自行控制。

（4）随后双方交换，B 队换为进攻方，A 队换为防守方。

（5）游戏结束后计算总得分，得分高的队伍获胜。

4. 注意事项

（1）双方应严格遵守规则。

（2）防守区域可适当扩大，以有利于进攻为原则。

游戏二：极速营救

1. 参与人群

听力残疾人、智力残疾人。

2. 方法

队员依次从安全区出发，两点一步跑过绳梯，一点一步越过圆圈，拿球绕过标志桶，传球给危险区的家长，家长拿到球后和队员一起跑回安全区。（图 3）

3. 规则

球场分为两个区域，两队可同时出发，先把所有家长"救出"的队伍获胜。

4. 注意事项

队员依次出发，注意顺序，碰倒障碍物须及时扶起。

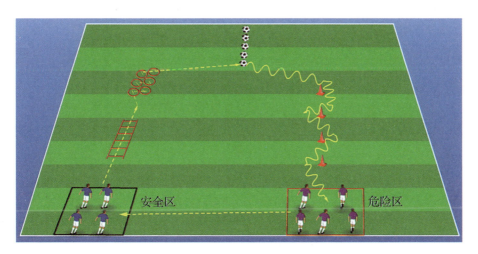

图3 极速营救

游戏三：翻翻乐

1. 参与人群

听力残疾人、智力残疾人。

2. 方法

所有人员分为红蓝两队，红队对应红色标志盘，蓝队对应蓝色标志盘。游戏开始后，两队分别带球去翻对方颜色的标志盘，也可以将本队被翻的标志盘重新恢复成正面，在规定时间内，对应的标志盘原状（正面）数量多的队伍获胜。（图4）

3. 规则

（1）双方必须在标志桶的范围内游戏。

（2）队员必须带着球，不能在失去控球的情况下翻对方颜色的标志盘。

4. 注意事项

（1）裁判员应将游戏规则阐述明确，避免队员翻本队颜色的标志盘。

（2）相关工作人员应将标志盘尽量摆得分散一些，给予队员充分的运球空间。

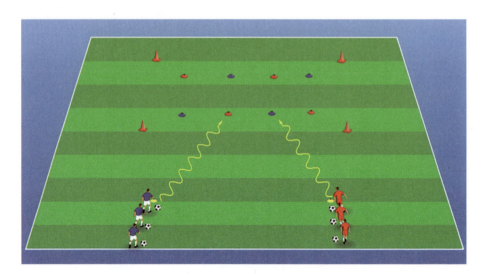

图 4　翻翻乐

游戏四：盲人足球点球大战

1. 参与人群

视力残疾人。

2. 方法

两组队员交替射门，一名队员站在距离球门 6 米处的罚球点，其他队员退出罚球区，引导员在球门后敲击两侧门柱，引导队员寻找射门方向。（图 5）

3. 规则

（1）队员须佩戴眼罩。

（2）射中得 1 分，累计得分高的一组获胜。

（3）此游戏使用五人制球门。

4. 注意事项

（1）射门前，队员须做一些运动量较小的热身活动。

（2）引导员敲击球门柱的声音须响亮且干脆。

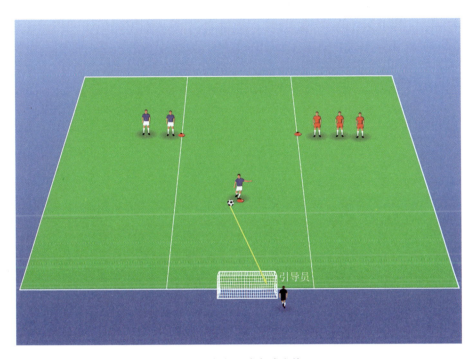

图 5 盲人足球点球大战

案例篇

一、聋人足球训练教案

主题：球感 1	水平阶段：初级

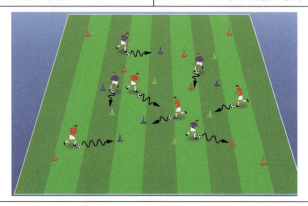

练习器材： 足球若干、标志服若干、标志桶若干。

练习人数： 6 ~ 12 人（视实际情况而定）。

练习时间： 15 ~ 20 分钟。

练习场地： 20 米 ×20 米（可根据实际情况进行调整）。

组织方法：

1. 队员在规定区域内自由运球，当看到教练员举手时立即踩停球。

2. 教练员做踩球示范，队员原地练习踩球技术。

3. 当教练员发出指令时，队员在规定区域内进行行进间踩球练习；当教练员举手时，队员立即停球（用胸部压球）。

4. 教练员做向内侧拉球示范，队员原地练习拉球技术。

5. 当教练员发出指令时，队员在规定区域内进行行进间拉球练习；当教练员举手时，队员立即停球（用臀部坐球）。

指导要点：

1. 队员练习原地踩球时，双脚稍微开立，膝关节弯曲，重心降低，上体稍前倾，身体放松，前脚掌踩球的上部，踩球力量要小，双脚交替迅速。

2. 队员练习行进间踩球时，前脚掌踩球的上部，踩球力量适中，同时向前推球，力量不要过大，推出球后身体快速跟上，双脚交替迅速。

3. 队员练习原地拉球时，双脚开立，与肩同宽，膝关节弯曲，重心降低，上体稍前倾，身体放松，前脚掌踩球的上部，踩球力量要小，向内侧拉球，双脚交替进行。

4. 队员练习行进间拉球时，前脚掌踩球的上部，同时向后拉球，拉球力量不要过大，身体快速跟上。

主题：球感 2	水平阶段：初级

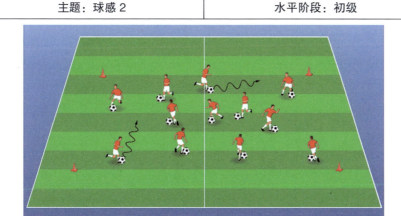

练习器材： 足球若干、标志服若干、标志桶若干。

练习人数： 12 人（视实际情况而定）。

练习时间： 15 ～ 20 分钟。

练习场地： 30 米 × 30 米（可根据实际情况进行调整）。

组织方法：

1. 教练员按图示布置场地。

2. 队员每人一球，在规定区域内做自由运球练习。

变化：

1. 教练员手持标志盘，队员根据教练员举起的标志盘做出行动：红色标志盘代表停球，绿色标志盘代表运球加速。

2. 队员根据教练员手势（举左手需要向左侧运球，举右手需要向右侧运球）进行运球练习，运用不同技术动作进行变向。

3. 教练员可在规定区域内摆放障碍物（如人、标志桶等）。队员在运球的同时需要躲避障碍物，不可碰撞。

指导要点：

1. 队员在运球过程中应注意触球力量，将球控制在身体可触及的范围之内。

2. 队员在触球后身体应快速跟上。

3. 队员在运球过程中应时刻抬头观察。

4. 队员应对教练员的视觉信号快速做出反应。

5. 队员应运用不同部位运球，敢于做动作。

主题：运球 1	水平阶段：初级

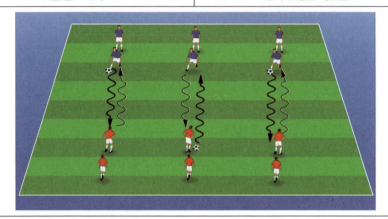

练习器材： 足球若干、标志服若干。

练习人数： 6 ～ 12 人（视实际情况而定）。

练习时间： 6 ～ 8 分钟（每练习 2 分钟后间歇至少 1 分钟）。

练习场地： 15 米 ×15 米（可根据实际情况进行调整）。

组织方法：

1. 教练员将队员分为 3 组，每组 4 人，按图示位置站立。

2. 每组两侧第一名队员同时运球出发。

3. 两人在中间相遇时击掌，击掌后继续运球。

4. 在两人分别到达对侧后，同组另外两名队员出发。

变化：

1. 教练员增加或缩短运球距离。

2. 教练员规定左脚、右脚运球。

指导要点：

1. 运球准备姿势：双腿左右分开，双脚前后开立，距离不要过大，膝关节稍弯曲，上体稍前倾，身体放松。

2. 运球时脚踝收紧，脚尖斜指向地面，脚与地面的夹角为 30° ～ 45°。

3. 队员应用脚背外侧触球。

4. 队员的脚应触球的中部。

5. 队员应控制触球力量，在球滚出后身体快速跟上。

主题：运球 2	水平阶段：初级

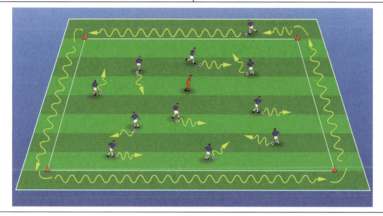

练习器材：足球若干、标志服若干、标志桶若干。

练习人数：6 ~ 12 人（视实际情况而定）。

练习时间：6 ~ 8 分钟（每练习 2 分钟后间歇至少 1 分钟）。

练习场地：20 米 × 20 米（可根据实际情况进行调整）。

组织方法：

1. 教练员按图示布置场地，队员每人一球。

2. 练习开始后，队员自由运球，看到教练员手势后，保护好自己的球，同时去破坏其他队员的球；若球被破坏出规定区域，应立刻去捡球，快速绕场地运球一周后回到规定区域内继续练习。

变化：

教练员挑选一人当"破坏者"。"破坏者"不拿球，在规定区域内破坏其他队员的球，球被破坏的队员应立即捡球并且快速绕场地运球一周后回到规定区域内继续练习。

"破坏者"要在 2 分钟的时间内破坏 10 次，持球队员被破坏 3 次后不得进入场地，在场地外做颠球练习。

指导要点：

1. 队员在运球过程中应随时进行扫视观察。

2. 队员应将球始终控制在练习区域内。

3. 队员应对教练员的指示快速做出反应。

4. 队员应一步一运，运用不同部位运球。

主题：运球 3	水平阶段：初级

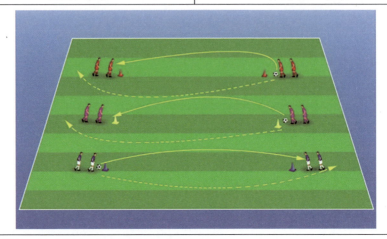

练习器材：足球若干、标志服若干、标志桶若干。

练习人数：6 ~ 12 人（视实际情况而定）。

练习时间：6 ~ 8 分钟（每练习 2 分钟后间歇至少 1 分钟）。

练习场地：传球双方相距约 10 米（可根据实际情况进行调整）。

组织方法：

1. 教练员将队员分为 3 组，每组 4 人，每组一块练习区域，队员按图示位置站立。

2. 练习开始后，每组第一名队员出发，用不同（不限部位）的运球方式将球运到对面。

3. 到达对面后将球交给下一名队员。

变化：

教练员可以加入运球节奏的变化，如队员根据教练员手势进行急停或变向。

指导要点：

1. 队员在运球过程中随时进行扫视观察。

2. 队员应将球始终控制在练习区域内。

3. 队员应对教练员的指示快速做出反应。

4. 队员应一步一运，运用不同部位运球。

主题：运球 4	水平阶段：初级

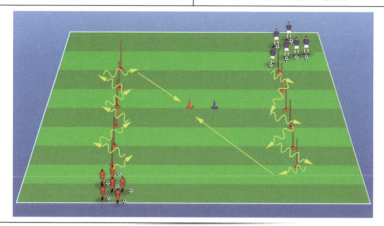

练习器材：足球若干、标志服若干、标志桶若干、标志杆若干、标志盘若干。

练习人数：6 ~ 12 人（视实际情况而定）。

练习时间：6 ~ 8 分钟（每练习 2 分钟后间歇至少 1 分钟）。

练习场地：15 米 × 15 米（可根据实际情况进行调整）。

组织方法：

1. 教练员将队员分为两组，按图示布置场地，场地中间有红蓝两种颜色的标志桶，队员在各自起点处排队站立。

2. 练习开始后，两组的第一名队员同时运球出发，运球绕杆后迅速踢球击向标志桶，击倒桶加 1 分。

变化：

1. 教练员可以通过增减绕杆时间调整难度。

2. 教练员手持红色、蓝色标志盘，队员在运球过程中随时观察教练员手中的标志盘：若教练员举蓝色标志盘，则队员踢球击向蓝色标志桶；若教练员举红色标志盘，则队员踢球击向红色标志桶。

指导要点：

1. 队员在运球过程中应随时进行扫视观察。

2. 队员在踢球击桶时身体要面向足球。

3. 队员应对教练员的指示快速做出反应。

4. 队员在击倒标志桶后应立即衔接下一动作。

5. 当教练员发现练习强度下降时，应通过增加视觉信号与增加击桶难度来激发队员的积极性。

主题：传球1	水平阶段：初级

练习器材：足球若干、标志服若干、标志盘若干。

练习人数：6 ~ 12人（视实际情况而定）。

练习时间：15 ~ 20分钟。

练习场地：短传球间距为6 ~ 10米，长传球间距为15 ~ 25米，可根据实际情况调整场地大小。

组织方法：

1. 教练员将队员分为2人一组，每组一球，每个标志盘后面站一人，同组队员相对站立。

2. 每组队员之间相互传球（脚内侧传地滚球、脚背正面短距离传地滚球、脚背内侧长距离传空中球）。

指导要点：

1. 队员在接球前脚下要移动，做好接球准备。

2. 脚内侧传地滚球：支撑脚踏在球的一侧，距离球一拳到一拳半的距离，脚尖指向接球人；摆动腿向外侧展髋，击球脚脚尖微微上翘，脚踝要收紧，充分摆腿，用脚内侧触球的中部；出球后摆动腿要有随前动作（跟随出球方向移动）。

3. 脚背正面短距离传地滚球：支撑脚踏在球的一侧，距离球一拳到一拳半的位置，脚尖指向接球人；摆动腿向后摆动，击球脚脚尖指向地面，脚踝要收紧，充分摆腿，用脚背正面触球的中部；出球后摆动腿要有随前动作。

4. 脚背内侧长距离传空中球：支撑脚踏在球的一侧，距离球一拳半到两拳的位置，脚尖指向接球人；摆动腿向外侧展髋，击球脚脚尖斜指向地面，脚与地面的夹角为45°，脚踝要收紧，充分摆腿，用脚背内侧触球的底部；出球后身体要有随前动作。

主题：传球 2	水平阶段：初级

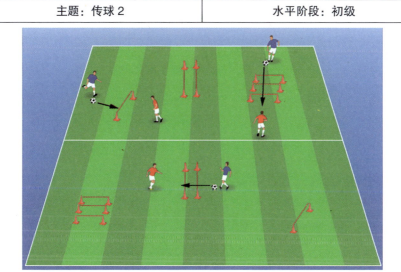

练习器材：足球若干、标志服若干、标志桶若干、标志杆若干。

练习人数：6 ～ 12 人（视实际情况而定）。

练习时间：15 ～ 20 分钟。

练习场地：20 米 ×20 米（可根据实际情况进行调整）。

组织方法：

1. 教练员将队员分为 2 人一组，每组一球，在规定区域内利用标志桶与标志杆摆放 6 ～ 8 个球门，根据球门长度分为 3 个级别。

2. 每组队员在规定区域内自由传球。

3. 每组队员在规定区域内由自由传球变为传球穿越球门，当队员遇到球门时，一人传球，另一人在对侧接球，接球后迅速去寻找下一个球门。

变化：

1. 教练员逐渐收窄球门的宽度。

2. 队员利用不同部位完成传球。

3. 教练员通过限制触球次数提高队员的决策速度。

指导要点：

1. 队员应用脚内侧或脚背正面击球。

2. 队员应注意支撑脚的方向以及支撑脚与球之间的距离。

3. 队员应绷紧脚踝，大腿带动小腿轻弹将球击出。

4. 队员的脚应触球的中部。

5. 队员应注意传球的力量与方向。

6. 队员时刻抬头进行观察，传球队员与接球队员之间要形成默契。

主题：传球 3	水平阶段：初级

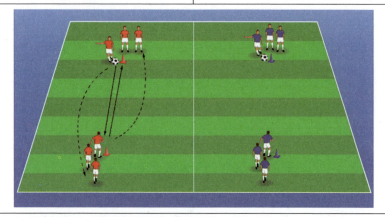

练习器材：足球若干、标志服若干、标志桶若干。

练习人数：6 ～ 12 人（视实际情况而定）。

练习时间：15 ～ 20 分钟。

练习场地：15 米 × 15 米（可根据实际情况进行调整）。

组织方法：

1. 教练员按图示布置场地，红队、蓝队队员在各自的标志桶处排队，每组一球。

2. 练习开始后，由任意一侧队员传球至对侧队员脚下，随后跑到对侧队尾等待下次练习。

3. 接球队员控制好球后同样将球传至对侧队员脚下，随后跑到对侧队尾，依次循环练习。

变化：

1. 队员由任意脚触球变化为规定左脚接停球、左脚出球。

2. 队员由左脚接停球、左脚出球变化为规定右脚接停球、右脚出球。

3. 队员由右脚接停球、右脚出球变化为左脚接停球、右脚出球。

4. 队员由左脚接停球、右脚出球变化为右脚接停球、左脚出球。

5. 队员必须时刻抬头观察，传球队员要根据接球队员的视觉信号（如手势等）准确传球。

指导要点：

1. 身体放松，眼睛向前看，始终注视来球。

2. 前脚掌点地，队员应时刻做好准备，不要站在原地（保持动态）。

3. 队员应注意支撑脚的方向以及支撑脚与球之间的距离。

4. 队员应绷紧脚踝，大腿带动小腿轻弹将球击出。

5. 队员的脚应触球的中部。

6. 队员应注意传球的力量与方向。

主题：传球 4	水平阶段：初级

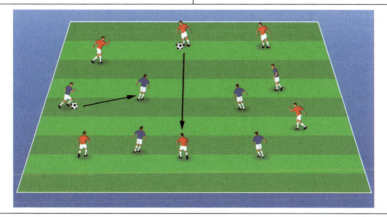

练习器材： 足球若干、标志服若干。

练习人数： 12 人。

练习时间： 15 ~ 20 分钟。

练习场地： 30 米 ×30 米（可根据实际情况进行调整）。

组织方法：

1. 教练员将队员分为两组，两组分别着红色、蓝色标志服，每组一球，教练员按图示布置场地。

2. 两组队员在规定区域内做自由传球练习，要求只能将球传给本组的队员。

变化：

1. 改变传球对象，教练员要求红队拿球后将球传给蓝队，蓝队拿球后将球传给红队。

2. 每组由一球增加为 2 ~ 3 球。

3. 队员必须时刻抬头观察，传球队员要根据接球队员的视觉信号（如手势等）准确传球。

指导要点：

1. 接球队员与传球队员应通过视觉信号形成默契后再传接球。

2. 接球队员与传球队员要时刻做好传接球准备，不要站在原地（保持动态）。

3. 接球队员在接球前应观察传球队员的所在位置。

4. 传球队员应注意支撑脚的方向以及支撑脚与球之间的距离。

5. 传球队员应绷紧脚踝，大腿带动小腿轻弹将球击出。

6. 传球队员的脚应触球的中部。

7. 传球队员应注意传球的力量与方向。

主题：接控球 1	水平阶段：初级

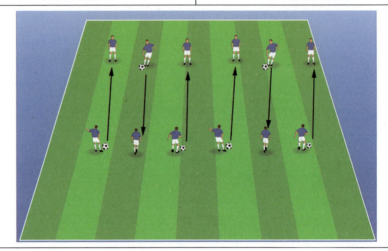

练习器材： 足球若干、标志服若干。

练习人数： 8 ~ 12 人（视实际情况而定）。

练习时间： 6 ~ 8 分钟（每练习 2 分钟后间歇至少 1 分钟）。

练习场地： 传球双方相距约 10 米（可根据实际情况进行调整）。

组织方法：

1. 教练员将队员分为 2 人一组，每组一球。

2. 2 人一组，面对面传地滚球，接球队员停球后将球回传，自由停球。

3. 2 人一组，面对面传地滚球，接球队员停球后将球回传，用前脚掌停地滚球的方式停球。

4. 2 人一组，面对面传地滚球，接球队员停球后将球回传，用脚内侧停地滚球的方式停球。

变化：

1. 两人之间的距离变化。

2. 同侧脚停球、传球。

3. 异侧脚停球、传球。

指导要点：

1. 教练员应注意控制传球队员与接球队员之间的距离。

2. 接球队员在接球前身体姿势要准备好，重心降低，脚下移动，调整位置。

3. 前脚掌停地滚球：脚尖微微上翘，脚掌斜向上，与地面约成 30° 角，前脚掌踩球的上部。

4. 脚内侧停地滚球：展髋，脚尖微微上翘，脚踝收紧，脚内侧正对来球，向前迎球，跟随球运行的方向卸力缓冲。

5. 教练员应做充分示范。

主题：接控球 2	水平阶段：初级

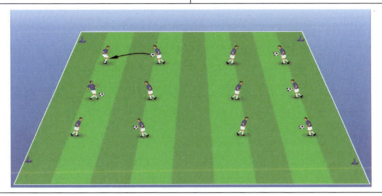

练习器材：足球若干、标志服若干、标志桶若干。

练习人数：8 ~ 12 人（视实际情况而定）。

练习时间：约 10 分钟（每练习 3 分钟后间歇至少 1 分钟）。

练习场地：传球双方相距约 10 米（可根据实际情况进行调整）。

组织方法：

1. 教练员将队员分为 2 人一组，每组一球；每组队员相向而站，教练员按图示布置场地。

2. 练习开始后，每组一名队员用手抛球，同组另一名队员用脚内侧接球，然后回传。

3. 每组一名队员用手抛球，同组另一名队员用大腿正面接球，然后回传。

4. 每名队员练习 10 次后交换。

指导要点：

1. 队员应随时做好接球的准备（身体姿势、脚下移动）。

2. 双眼注视来球，提前移动寻找落点。

3. 脚内侧接球：髋关节外展，提膝，脚尖微微上翘，脚踝收紧，脚内侧正对来球，接球的瞬间回撤卸力缓冲。

4. 大腿正面接球：提膝，身体放松，大腿正对来球，接球的瞬间回撤卸力缓冲。

主题：接控球 3	水平阶段：初级

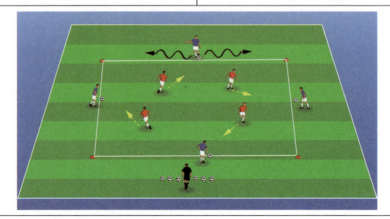

练习器材：足球若干、标志服若干、标志盘若干。

练习人数：8 ~ 12 人（视实际情况而定）。

练习时间：约 10 分钟（每练习 3 分钟后间歇至少 1 分钟）。

练习场地：10 米 × 10 米（可根据实际情况进行调整）。

组织方法：

1. 教练员按图示布置场地，标志盘区域内为一组，标志盘区域外为一组，每组 4 ~ 6 人，两组队员按图示位置站立。

2. 蓝方在区域外控球，红方在区域内进行接应，红方接球后，将球传给场外任意一名无球的蓝方队员。

变化：

教练员根据练习情况，可选择限制区域内队员的触球次数来增加难度。

指导要点：

1. 接球队员应随时做好接球的准备（身体姿势、脚下移动）。

2. 传球队员应与接球队员形成手势或眼神交流的默契。

3. 接球队员在接球前应注意观察。

4. 接球队员在接球时应控制力度，将球停在可控范围之内。

主题：射门 1	水平阶段：初级

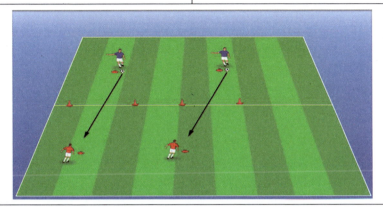

练习器材：足球若干、标志服若干、标志桶若干、标志盘若干。

练习人数：4 ～ 12 人（视实际情况而定）。

练习时间：10 分钟（每练习 3 分钟后间歇至少 1 分钟）。

练习场地：传球双方相距约 20 米(可根据实际情况进行调整)，中间球门(用标志桶摆成)宽度为 4 ～ 6 米。

组织方法：

1. 教练员将队员分为 2 人一组，每组一球，每个标志盘后面站一人，同组队员相对站立。

2. 每组队员相互练习脚背正面射门。

3. 每组队员相互练习脚内侧射门。

变化：

1. 每组两名队员之间的距离逐渐拉大。

2. 每组两名队员靠近，面对面做脚背正面（脚内侧）射门技术模拟练习。

指导要点：

1. 脚背正面射门：助跑角度 30°左右，支撑脚踏在球的一侧，距离球一拳半到两拳的位置，脚尖指向出球方向；摆动腿向后充分摆动，击球脚脚尖指向地面，脚踝要收紧，用脚背正面触球的中部；出球后身体要有随前动作。

2. 脚内侧射门：助跑角度 45°左右，支撑脚踏在球的一侧，距离球一拳半到两拳的位置，脚尖指向出球方向；摆动腿向外侧展髋，充分摆动，击球脚脚尖微微上翘，脚踝要收紧，用脚内侧触球的中部；出球后摆动腿要有随前动作。

主题：射门 2	水平阶段：初级

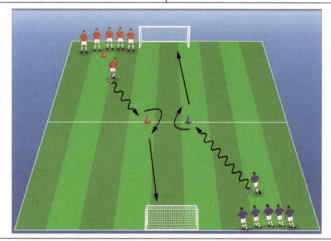

练习器材：足球若干、标志服若干、标志桶若干、球门若干。

练习人数：8 ~ 12 人（视实际情况而定）。

练习时间：约 10 分钟（每练习 3 分钟后间歇至少 1 分钟）。

练习场地：20 米 ×20 米（可根据实际情况进行调整），射门距离为 8 ~ 15 米。

组织方法：

1.教练员按图示布置场地，将队员分为两组，两组队员在各自标志桶后站立。

2.练习开始后，两队第一名队员同时向各自目标标志桶处运球，从内侧绕过标志桶后调整射门。

3.队员射门后捡球，快速换到对侧标志桶处，排在队伍最后面；下一名队员练习。

规则：

射进一球得 1 分。

胜负方式：

1.规定时间内比较两组总分。

2.比较两组得到规定分数的用时。

变化：

由无守门员进阶到有守门员。

指导要点：

1.快速运球，队员应配合默契。

2.队员在射门前应减速，观察球门位置。

3.支撑脚脚尖应指向出球方向。

4.队员在射门时应保持身体姿势，身体不要后仰。

5.队员在射门后身体要有随前动作。

主题：射门 3	水平阶段：初级

练习器材：足球若干、标志服若干、标志桶若干、球门 1 个。

练习人数：8 ~ 12 人（视实际情况而定）。

练习时间：约 10 分钟（每练习 3 分钟后间歇至少 1 分钟）。

练习场地：20 米 × 20 米（可根据实际情况进行调整），射门距离为 15 ~ 20 米。

组织方法：

1. 教练员将队员分成两组，按图示布置场地。

2. 各组进攻队员每人一球，在禁区前再安排一名助攻队员。

3. 两组同时开始练习，助攻队员接进攻队员传球后将球回传给进攻队员。进攻队员控制好球后完成射门，随后上前替换助攻队员。原助攻队员捡球后排在本组队尾，等待练习，依次循环。

变化：

1. 教练员可将场地加长，传球前加入运球环节。

2. 由进攻队员控制好球射门，进阶为接球不调整，直接一脚射门。

3. 注意左右脚均衡练习，教练员根据练习情况，让两组队员交换位置。

指导要点：

1. 进攻队员在接球前应减速，做好接球准备。

2. 停球的力量不要太大（将球控制在身体范围之内）。

3. 停球的方向与射门的方向应一致。

4. 进攻队员在不停球射门前眼睛要始终盯着球，判断球的速度与线路。

5. 支撑脚应踏在球运行方向的前方。

6. 进攻队员在射门时应保持身体姿势。

主题：头顶球	水平阶段：初级

练习器材： 足球若干、标志服若干、标志桶若干。

练习人数： 8 ~ 12 人（视实际情况而定）。

练习时间： 约 20 分钟（每练习 3 分钟后间歇至少 1 分钟）。

练习场地： 20 米 × 20 米（可根据实际情况进行调整）。

组织方法：

1. 教练员将队员分成 2 人一组，按图示布置场地。

2. 每组一球，两名队员相对站立，相距 5 ~ 8 米。

3. 练习开始后，所有队员同时开始训练，持球队员用自抛球的形式将球抛向空中，随后自己用头将球顶给接球队员，接球队员再以同样的方式将球顶回，依次循环练习。

变化：

1. 由自抛球进阶为持球队员抛球给接球队员，接球队员将球顶回。

2. 由互相抛球、顶球进阶为接球队员在标志桶间左右移动，当持球队员抛球到标志桶处时，接球队员在移动中将球顶回。

3. 接球队员由左右移动头顶球进阶为在前后移动中做头顶球练习。

4. 由持球队员抛高球，接球队员跳起找最高点将球顶回。

指导要点：

1. 接球队员应面对来球，双脚前后开立，膝微屈，重心放在双脚上。

2. 接球队员在顶球前应上体后仰，重心移到后腿上，双臂自然摆动，保持身体平衡，两眼注视来球。

3. 接球队员在顶球时应用力蹬地，双腿迅速伸直，上体由后向前快速摆动，借腰腹及颈部力量，用前额正面顶球的中部，将球顶回。

主题：个人防守 1	水平阶段：初级

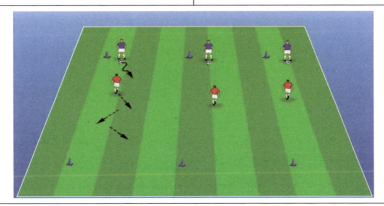

练习器材：足球若干、标志服若干、标志桶若干。

练习人数：6 ~ 12 人（视实际情况而定）。

练习时间：15 ~ 20 分钟。

练习场地：每组 5 米 ×15 米（可根据实际情况进行调整）。

组织方法：

1. 教练员教授队员基本防守动作，队员跟随教练员在原地进行练习。

2. 队员 2 人一组，一组一球，每组的 2 人相对站立，间隔 5 米。

3. 教练员规定穿着一种颜色标志服的队员作为防守队员，防守队员传球给同组的接球队员，接球队员接球后不动，防守队员迅速跑向接球队员，做基本防守动作（后撤步消极防守）。

4. 练习一段时间后防守队员进行抢球。

变化：

接球队员接球后可向前带球，试图突破防守，防守队员尝试抢球。

指导要点：

1. 防守队员准备姿势：身体放松，膝关节弯曲，上体前倾，重心降低，双脚开立，与肩同宽，前脚掌着地，脚跟微微提起，眼睛始终注视脚下球。

2. 防守队员应在靠近接球队员时减速，在距离接球队员 1.5 ~ 2 米处站住。

3. 教练员应做充分示范。

主题：个人防守 2	水平阶段：初级

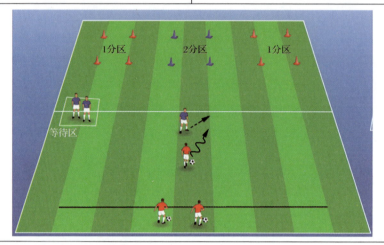

练习器材：足球若干、标志服若干、标志桶若干。

练习人数：6 ~ 12 人（视实际情况而定）。

练习时间：15 ~ 20 分钟。

练习场地：20 米 ×15 米（可根据实际情况进行调整），分为 3 块得分区域，每块得分区域为 4 米 ×4 米，得分区域间隔为 2 ~ 3 米。

组织方法：

1.教练员将队伍分为两组，一组进攻，一组防守；教练员按图示布置场地，进攻队员在起点线后准备，防守队员在等待区准备，得分区域中，两侧为 1 分区，中间为 2 分区。

2.练习开始后，进攻队员从起点线出发，防守队员进入场地防守，进攻队员设法运球突破防守，成功运球到得分区域得分。

变化：

1.教练员通过限制单次攻防时间调整难度。

2.开球方式改变为：教练员控球，进攻队员跑动接应，接球后向得分区域进攻，防守队员进行防守。

指导要点：

1.防守队员应快速逼抢防守。

2.防守队员应朝进攻队员运球方向移动，在移动过程中双脚快速转换。

3.防守队员应将进攻队员向弱侧脚方向逼迫。

4.防守队员应将进攻队员向边路区域逼迫，压缩进攻空间。

5.抢断的动作要快速、坚决，在球脱离进攻队员控制后，防守队员应进行抢球或破坏。

主题：个人防守 3	水平阶段：初级

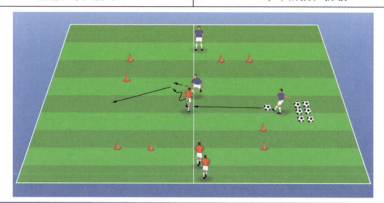

练习器材：足球若干、标志服若干、标志桶若干。

练习人数：6 ～ 12 人（视实际情况而定）。

练习时间：15 ～ 20 分钟。

练习场地：20 米 × 15 米（可根据实际情况进行调整），小球门（用标志桶摆成）宽为 2 ～ 3 米。

组织方法：

1. 教练员将队员分成两组，按图示布置场地；将球集中在场地一侧，派一名队员传球，在边线两侧安排队员站好。

2. 练习开始后传球队员将球传入规定区域。随后进攻队员（红色）快速控制好球，试图运球通过规定区域四角的任意小球门。防守队员迅速跟进试图抢断，进攻队员突破。

3. 一次练习后无论进攻与防守结果如何，练习队员都需从规定区域外绕路，排在对侧队尾等待再次练习。依次循环，规定练习时间，攻防双方角色互换。

变化：

1. 可将 4 个同色标志桶小球门换成红蓝两色标志桶小球门，以对角线形式摆放。每队可有 2 个进攻和防守的小球门，进攻时只能寻找异色标志桶小球门射门。

2. 防守队员将球抢断后，可继续进行练习，攻防双方角色瞬间互换，直到球出界或到达练习时间。

指导要点：

1. 防守队员应快速逼抢防守。

2. 防守队员应朝进攻队员运球方向移动，在移动过程中双脚快速转换。

3. 防守队员应将进攻队员向弱侧脚方向逼迫。

4. 防守队员应将进攻队员向边路区域逼迫，压缩进攻空间。

5. 抢断的动作要快速、坚决，在球脱离进攻队员控制后，防守队员应进行抢球或破坏。

主题：力量素质练习	水平阶段：初级

臀桥

仰卧卷腹

弹力带站姿划船

练习器材：弹力带。

练习人数：12 ～ 16 人（视实际情况而定）。

练习时间：55 分钟。

练习场地：20 米 ×20 米（可根据实际情况进行调整）。

组织方法：

1. 热身（15分钟）。

（1）动态热身动作整合（10分钟）。

队员分别采用弓步行走、侧弓步走、高抬腿跑、行进间侧摆腿跑、行进间高跨步跑、小步跑、跳跃击脚跑、快速冲刺跑等方式通过规定距离（20米），然后慢跑返回起点，共计1组。

（2）神经激活（5分钟）。

队员分别做双脚快速点地、双脚前后跳、双脚左右跳动作，同时依据教练员的口令，分别进行下蹲、跳起、转髋动作后继续做之前的动作。

2. 臀桥练习15次×3组（10分钟）。

3. 仰卧卷腹练习15次×3组（10分钟）。

4. 弹力带站姿划船练习15次×3组（10分钟）。

5. 整理放松（10分钟）。

（1）泡沫轴肌肉放松。

（2）静态拉伸。

指导要点：

1. 认真完成热身练习，以达到增强运动表现、避免受伤的目的。

2. 按照动作标准进行练习，根据实际情况调整负荷强度和负荷量。

3. 臀桥动作要领。

（1）准备姿势：屈膝仰卧，双手自然平放在身体两侧。

（2）向正上方顶髋，双脚脚跟着地支撑。

（3）注意整个动作保持髋关节主动发力，避免使用错误的部位发力。

4. 仰卧卷腹动作要领。

（1）准备姿势：屈膝仰卧，双手自然平放在大腿上。

（2）用力卷腹，使躯干离开地面，双手尽量触碰膝关节。

（3）注意躯干抬起时腹肌主动发力，防止颈部过屈。

5. 弹力带站姿划船动作要领。

（1）两人相对站立，一人拉住弹力带保持固定，另一人双手分别拉住弹力带两侧，手臂伸直，双手距离与肩同宽，使弹力带保持张力。

（2）肩胛骨后缩带动手臂弯曲，使背部肌肉收缩，缓慢还原。重复练习，注意躯干保持稳定，防止手臂过多发力。

6. 认真进行拉伸和放松，缓解疲劳。

主题：灵敏和协调素质提高	水平阶段：初级

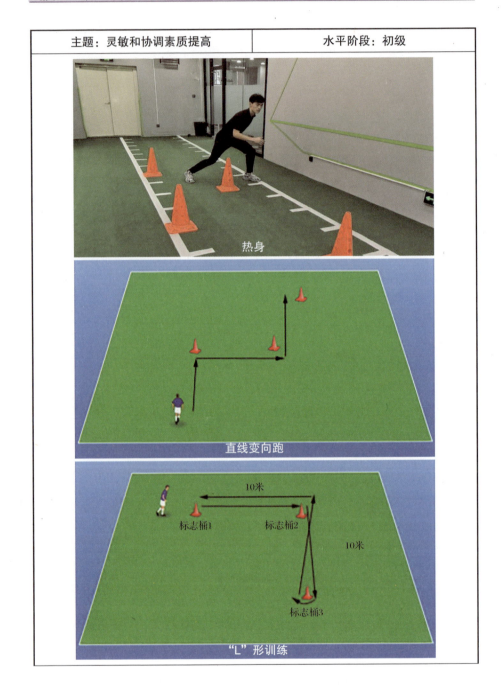

热身

直线变向跑

"L"形训练

标志桶1　　标志桶2　　10米

标志桶3

练习器材：标志桶若干。

练习人数：12 ~ 16 人（视实际情况而定）。

练习时间：35 分钟。

练习场地：30 米 ×20 米（可根据实际情况进行调整）。

组织方法：

1. 热身（15 分钟）。

（1）交替慢跑（8 分钟）。

队员成一列纵队进行匀速慢跑。在慢跑过程中，当看到视觉信号时，队伍最末尾的队员快速冲刺到队伍第一个，然后继续保持匀速慢跑，依此类推。

（2）动态热身动作整合（7 分钟）。

队员分别采用弓步行走、侧弓步走、高抬腿跑、后踢腿跑、跳跃击脚跑、快速冲刺跑的方式通过规定距离（20 米），然后慢跑返回起点，共计 1 组。

2. 直线变向跑训练 10 米 ×3 组（5 分钟）。

起跑姿势准备，当看到视觉信号时，队员迅速加速向前冲刺，到达第一个标志桶前迅速变向，朝另一个标志桶冲刺。队员应在规定距离内完成所有变向。

3. "L"形训练 2 组（5 分钟）。

（1）将 3 个标志桶摆成"L"形，队员站在标志桶 1 的外侧，起跑姿势准备，当队员看到视觉信号后，迅速冲刺到标志桶 2，然后减速做出适宜的运动姿势，降低重心，调整脚部，向右旋转 90° 后跑到标志桶 3，队员用短而快的步子绕标志桶 3 转 180° 后加速跑到标志桶 2，再向左转 90°，迅速跑回起点。

（2）跑动减速时注意正确的方式，防止重心过度向前而摔倒。

4. 整理放松（10 分钟）。

（1）泡沫轴肌肉放松。

（2）静态拉伸。

指导要点：

1. 认真完成热身练习，以达到增强运动表现、避免受伤的目的。

2. 如果不熟练可以放慢动作以保证动作质量。

3. 集中注意力，时刻留意教练员发出的视觉信号。

4. 认真进行拉伸和放松，缓解疲劳。

主题：本体感觉增强	水平阶段：初级
 单脚站立	 单脚站立触摸标志桶
 单脚站立触摸地面	 闭眼单脚站立

练习器材： 标志桶、眼罩。

练习人数： 12 ～ 16 人（视实际情况而定）。

练习时间： 60 分钟。

练习场地： 30 米 ×20 米（可根据实际情况进行调整）。

组织方法：

1.热身（15分钟）。

（1）脚踝、臀部激活（7分钟）。

队员戴好迷你弹力带进行原地深蹲、侧向移动、前后移动练习各10次，利用迷你弹力带的张力进行脚部的屈伸练习。

（2）动态热身动作整合（8分钟）。

队员分别采用弓步行走、侧弓步走、高抬腿跑、后踢腿跑、跳跃击脚跑、快速冲刺跑的方式通过规定距离（20米），然后慢跑返回起点，共计1组。

2.单脚站立，每侧30秒×3组（10分钟）。

（1）双脚打开与髋同宽，自然站立，脚尖和膝关节方向一致，躯干和头部保持稳定，目视前方，双手自然放在体侧。

（2）单脚支撑站立，对侧小腿向后抬起，躯干和上肢保持不动。

3.单脚站立触摸标志桶，每侧8次×3组（5分钟）。

（1）双脚打开与髋同宽，自然站立，脚尖和膝关节方向一致，躯干和头部保持稳定，目视前方，单脚支撑站立。

（2）重心前移，用手触摸面前的标志桶，支撑腿保持微屈，对侧腿尽量向后伸直，背部保持平直。

（3）两侧动作交替进行。

4.单脚站立触摸地面，每侧8次×3组（10分钟）。

（1）双脚打开与髋同宽，自然站立，脚尖和膝关节方向一致，躯干和头部保持稳定，目视前方，单脚支撑站立，同侧手臂上举。

（2）重心前移，用手触摸地面，支撑腿保持微屈，对侧腿尽量伸直，背部保持平直。

（3）两侧动作交替进行。

5.闭眼单脚站立，每侧8次×3组（10分钟）。

（1）双脚打开与髋同宽，自然站立，脚尖和膝关节方向一致，躯干和头部保持稳定，闭眼（或戴眼罩），双手自然放在体侧。

（2）单脚支撑站立，对侧小腿向后抬起，躯干和上肢保持不动。

6.整理放松（10分钟）。

（1）泡沫轴肌肉放松。

（2）静态拉伸。

指导要点：

1.认真完成热身练习，以达到增强运动表现、避免受伤的目的。

2.强调动作完成的质量，静下心来感受自己身体各个部位的位置。

3.集中注意力完成任务。

4.认真进行拉伸和放松，缓解疲劳。

主题：运球 1	水平阶段：中级

练习器材： 足球若干、标志服若干、标志桶若干、标志盘若干。

练习人数： 8 ～ 12 人（视实际情况而定）。

练习时间： 15 ～ 20 分钟。

练习场地： 每组 15 米 × 15 米（可根据实际情况进行调整）。

组织方法：

1. 教练员将队员分为 4 组，一人一球；教练员按图示布置场地。

2. 练习开始后，每组第一名队员同时出发，运球到达场地中央的标志盘处变向（按照教练员规定的变向方向），继续运球跑向对侧标志桶，排到队伍最后面，下一名队员继续练习。

变化：

1. 队员从本侧标志桶处运球，运球过程中连续做跨球假动作，到标志盘处变向（双脚跨球）。

2. 队员运球到标志盘前做一个假动作，然后变向到对侧标志桶(左跨右拨，右跨左拨)。

指导要点：

1. 双脚跨球：注意运球速度，双脚随运球方向，由内向外连续从球的前方跨过，不影响球行进速度。

2. 左跨右拨：左脚由内向外从球的前方跨过，落地后身体重心转换，右脚连接向外侧拨球。

3. 右跨左拨：右脚由内向外从球的前方跨过，落地后身体重心转换，左脚连接向外侧拨球。

4. 当队员做假动作时，重心降低，上体跟随动作摆动，幅度要大，迷惑性要强。

5. 队员在做完假动作后，应快速将球控制在脚下。

主题：运球 2	水平阶段：中级

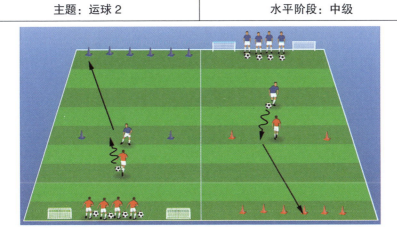

练习器材： 足球若干、标志服若干、标志桶若干、小球门若干。

练习人数： 8 ~ 12 人（视实际情况而定）。

练习时间： 约 15 分钟。

练习场地： 20 米 × 10 米（可根据实际情况进行调整），中间球门（由两个标志桶组成）宽为 6 ~ 8 米，目标标志桶之间的间隔为 2 米。

组织方法：

1. 教练员按图示布置场地，可设置两块场地，两组同时开始练习，增加队员练习次数。

2. 每组出一名防守队员到对方区域，负责防守中间球门。

3. 练习开始后，一名进攻队员持球进攻，通过假动作变向突破防守队员，穿过中间球门后踢球击倒目标标志桶，未穿过则回到起点。

4. 防守队员断球后迅速向小球门方向运球并射门。

规则：

1. 防守队员只能在中间球门前进行防守，进攻队员若穿过球门，防守队员不可继续防守。

2. 进攻队员突破球门得 1 分；击倒目标标志桶得 1 分，未击倒目标标志桶不得分。

3. 防守队员断球将球踢进起点线两侧的小球门得 1 分。

胜负方式：

一轮练习后比较两队总得分（进攻得分 + 防守得分）。

变化：

1. 教练员调整中间球门大小。

2. 教练员规定进攻队员的进攻时间。

指导要点：

1. 进攻队员应多利用变向、假动作、速度与节奏变化进行突破。

2. 进攻队员应在距离防守队员 1.5 ~ 2 米处做假动作。

3. 进攻队员做假动作要逼真。

4. 进攻队员在做变向、假动作之后身体要快速跟上。

主题：传球 1	水平阶段：中级

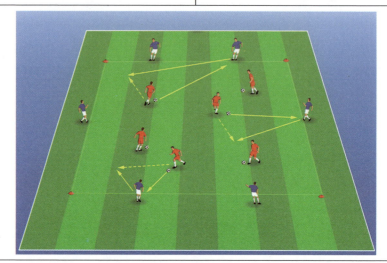

练习器材：足球若干、标志服若干、标志盘若干。

练习人数：12 ～ 16 人（视实际情况而定）。

练习时间：15 ～ 20 分钟（每练习 4 分钟后间歇至少 1 分钟）。

练习场地：20 米 ×20 米（可根据实际情况进行调整）。

组织方法：

1. 教练员将队员分为红、蓝两队，红队传球，蓝队接球。

2. 传球队员在规定区域内运球，接球队员在规定区域边线处站立。

3. 规定区域内的传球队员可以自由运球，并与规定区域边线上的接球队员进行墙式传球配合，每 2 分钟互换练习。

变化：

1. 传球队员和接球队员相向或反向移动，缩小或增大传球距离。

2. 仅用同一侧脚（如左脚接球 + 左脚传球）或者双脚交替（如左脚接球 + 右脚传球）练习。

指导要点：

1. 传球队员应注意传球的准确性、速度、力度。

2. 传球队员应注意在传球后快速移动。

3. 接球队员应一脚触球。

4. 接球队员应向传球队员的跑动方向上传球，注意提前预判。

5. 传球要到脚、到位。

主题：传球 2	水平阶段：中级

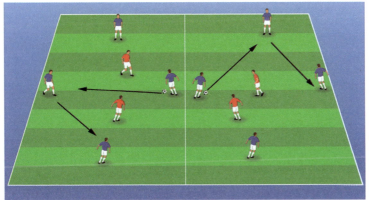

练习器材：足球若干、标志服若干。

练习人数：12～24 人（视实际情况而定）。

练习时间：15～20 分钟（5 分钟一组，组间间歇 1 分钟）。

练习场地：每组 10 米 ×10 米（可根据实际情况进行调整）。

组织方法：

1. 教练员将队员分成两组，每组 6 人（4 名进攻队员和 2 名防守队员）；教练员按图示布置场地。

2. 练习开始后，4 名进攻队员在外围控球，中间 2 名防守队员封堵传球路线不进行抢球。

3. 练习进行一段时间后，2 名防守队员进行抢球。

变化：

1. 教练员减小区域面积。

2. 教练员规定触球次数。

指导要点：

1. 进攻队员在传球前应观察队友与防守队员的位置。

2. 进攻队员应根据防守队员的位置选择合理的传球路线。

3. 进攻队员应向队友远离防守队员的一侧脚传球。

4. 进攻队员应注意传球的力量。

5. 所有队员应保持动态，不要在原地等待。

主题：传球 3	水平阶段：中级

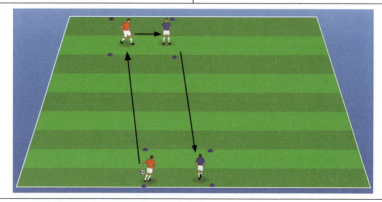

练习器材：足球若干、标志服若干、标志盘若干。

练习人数：4 ~ 24 人（视实际情况而定）。

练习时间：9 ~ 12 分钟（3 分钟一组，组间间歇 1 分钟）。

练习场地：每组 6 米 ×10 米（可根据实际情况进行调整）。

组织方法：

1. 教练员将队员分成 4 人一组，按图示布置场地。

2. 在两侧区域安排红蓝两队队员各 1 名。练习开始后，由任意队员传球，用脚背内侧传空中球至对侧本方队员。接到球的队员做好调整，将球传给自己区域内的对方队员。对方队员接到球后做好调整，将球传给对侧本方队员，依次循环练习。

变化：

1. 教练员限制触球次数。

2. 由双方队员在同区域内相互传球进阶为在同区域内传球后进行防守，规定练习时间，攻防双方角色互换。

指导要点：

1. 队员在接球前应做好准备（身体姿势、脚下移动）。

2. 队员应移动传球。

3. 传球时支撑脚应踏在球的运行线路上，距离球两拳左右的位置，脚尖指向接球队员；摆动腿向外侧展髋，击球脚脚尖斜指向地面，脚与地面的夹角为 45°，脚踝要收紧，充分摆腿，用脚背内侧触球的底部；出球后身体要有随前动作。

主题：接控球 1	水平阶段：中级

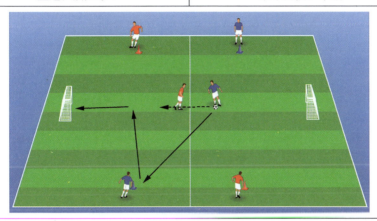

练习器材： 足球若干、标志服若干、标志桶若干、小球门若干。

练习人数： 6～18 人（视实际情况而定）。

练习时间： 8～10 分钟（2 分钟一组，组间间歇 1 分钟）。

练习场地： 每组 15 米×15 米（可根据实际情况进行调整）。

组织方法：

1. 教练员将队员分为两组，按图示布置每块场地，两组队员分别按图示位置站立。

2. 2 名队员（每队 1 人）在规定区域内进行 1 对 1 射门，外围的本方队员负责接应，进攻队员可将球传给外围接球队员，外围接球队员可相互传球，不可以射门。

规则：

进攻队员进球得 1 分。

胜负方式：

一轮练习结束后比较两队总得分。

变化：

教练员根据队员情况调整规定区域大小。

指导要点：

1. 接球队员要不断寻找空当接球。

2. 接球队员在接球前应观察防守队员的位置。

3. 接球队员在接球前应做好身体准备。

4. 接球与下一步动作衔接要迅速。

5. 接球队员应根据防守队员的位置选择传球还是运球。

主题：接控球 2	水平阶段：中级

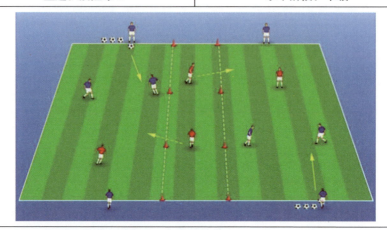

练习器材：足球若干、标志服若干、标志桶若干。

练习人数：12 ～ 24 人（一组 12 人，1 ～ 2 组）。

练习时间：8 ～ 10 分钟（2 分钟一组，组间间歇 1 分钟）。

练习场地：14 米 ×10 米，分为 3 个区域，其中，两侧区域为 6 米 ×10 米，中间区域为 2 米 ×10 米（可根据实际情况进行调整）。

组织方法：

1. 12 名队员按图示位置站立，两侧区域各有 4 名进攻队员与 1 名防守队员，中间区域有 2 名防守队员。

2. 练习开始后，中间区域的防守队员分别进入两侧区域，形成 4 对 2 局面，进攻队员经过 5 次传球后可以将球转移到另一侧区域。

变化：

教练员通过限制触球次数调整难度。

指导要点：

1. 接球队员要不断寻找空当接球。

2. 接球队员在接球前身体应打开（不要以双肩面对来球）。

3. 接球队员应观察防守队员的位置，提前进行决策。

4. 接球队员应注意第一次触球的质量（方向、力量）。

主题：射门 1	水平阶段：中级

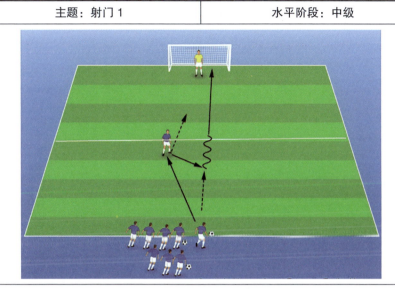

练习器材： 足球若干、标志服若干、球门 1 个。

练习人数： 10 ～ 17 人（包括 9 ～ 16 名队员、1 名守门员）。

练习时间： 15 ～ 20 分钟。

练习场地： 25 米 × 20 米（可根据实际情况进行调整）。

组织方法：

1. 一名队员为作墙队员，站在球门与射门队员之间，距离球门 10 ～ 15 米，其余队员在起点处持球等待练习。

2. 练习开始后，持球队员向作墙队员传球并向前移动，作墙队员回传，持球队员运球后射门，作墙队员准备补射，持球队员射门后替换为作墙队员，原来的作墙队员捡球并到起点处等待练习。

3. 练习进阶为持球队员向作墙队员传球并向前移动，作墙队员回传，持球队员直接射门，作墙队员准备补射，持球队员射门后替换为作墙队员，原来的作墙队员捡球并到起点处等待练习。

变化：

作墙队员回传后与持球队员形成 1 对 1 局面，持球队员寻求射门机会。

指导要点：

1. 持球队员在射门前应观察守门员的位置。

2. 持球队员应尽量选择地滚球射门（击球的中部，身体前倾，击球后随球移动）。

3. 持球队员应选择远角射门。

4. 作墙队员应快速向前进行补射。

主题：射门 2	水平阶段：中级

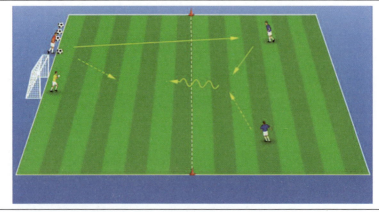

练习器材： 足球若干、标志服若干、标志桶若干、球门 1 个。

练习人数： 4 人（2 名进攻队员、1 名防守队员、1 名守门员）。

练习时间： 15 ~ 20 分钟。

练习场地： 15 米 ×10 米，具有适当尺寸的球门，中间两个标志桶间的连线距离球门 15 米左右（可根据实际情况进行调整）。

组织方法：

1. 练习开始后，防守队员将球传给 2 名进攻队员。

2. 其中一名进攻队员接球后传给队友，队友得球后 1 对 1 射门。

3. 防守队员向前移动进行防守，与守门员一起防守球门。

4. 攻防双方轮换角色。

变化：

1. 练习变为 2 对 1，加大防守的难度。

2. 教练员改变训练区的形状。

3. 教练员改变练习参与的人数。

指导要点：

1. 进攻队员有机会便快速射门。

2. 进攻队员运球与射门衔接要快。

3. 进攻队员应观察守门员位置。

4. 进攻队员在射门后应寻求补射的机会。

主题：射门 3	水平阶段：中级

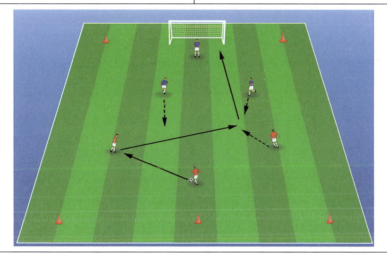

练习器材： 足球若干、标志服若干、标志桶若干、球门 1 个。

练习人数： 18 ~ 24 人（3 人一组，6 ~ 8 组）。

练习时间： 15 ~ 20 分钟。

练习场地： 25 米 ×20 米，具有适当尺寸的球门（可根据实际情况进行调整）。

组织方法：

1. 教练员将队员分成 3 人一组，按图示布置场地，在规定区域内进行 3 对 2 对抗练习，进攻一方 3 人进攻，防守一方 2 人防守，1 人守门。

2. 练习开始后，进攻队员持球，防守队员快速向前防守，进攻队员试图进球得分。

3. 每组练习 1 分钟，队伍之间相互轮换。

规则：

进一球得 1 分，练习结束后比较每组得分。

变化：

教练员限制进攻方传球次数。

指导要点：

1. 3 人进攻要利用场地宽度，不要扎堆。

2. 当出现射门机会时，进攻队员要果断射门。

3. 进攻队员在射门前应观察防守队员及守门员的位置。

4. 进攻队员应注意射门动作的规范性。

主题：战术练习——交接配合	水平阶段：中级

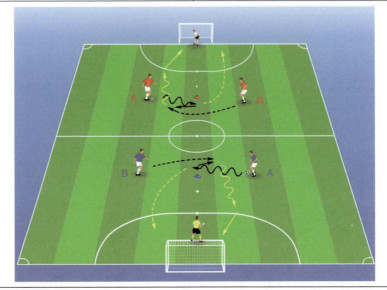

练习器材： 足球若干、标志服若干、标志盘若干、球门若干。

练习人数： 12～16人（2人一组，6～8组）。

练习时间： 15～20分钟。

练习场地： 20米×20米（可根据实际情况进行调整）。

组织方法：

1.队员A运球、队员B无球，两人面对面跑动至标志点（标志盘），队员B跑动至队员A身后时，两名队员做交接配合。

2.队员B接球后适当调整，完成射门，队员A继续向球门跑动，准备补射。

3.教练员可安排2组同时练习。

变化：

1.不设置守门员。

2.增加一名防守队员。

指导要点：

1.队员眼神、肢体要有交流。

2.队员交接时应用外侧脚运球。

3.队员应用外侧脚进行交接。

4.队员在射门前应观察守门员的位置。

5.队员应注意射门的准确性。

主题：战术练习——墙式配合	水平阶段：中级

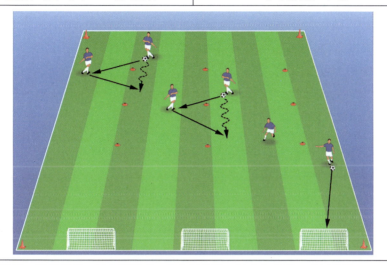

练习器材： 足球若干、标志服若干、标志桶若干、标志盘若干、球门若干。

练习人数： 12 ~ 16 人（2 人一组，6 ~ 8 组）。

练习时间： 15 ~ 20 分钟。

练习场地： 20 米 ×20 米（可根据实际情况进行调整）。

组织方法：

1. 教练员将队员分成 2 人一组，每组做行进间传球（直传斜插、斜传直插）。

2. 练习进阶为每组 2 人在行进间传球过程中完成墙式配合，并且完成射门。

指导要点：

1. 墙式配合时，2 名队员应形成呼应（眼神、身体姿势）。

2. 传球队员在传球后应快速起动。

3. 接球队员在接球后应立刻传球。

4. 传球的方向要与接球队员跑动的方向一致。

5. 队员应注意传球的准确性（到脚、到位）。

主题：战术练习——后套配合	水平阶段：中级

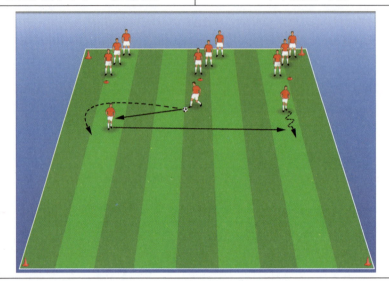

练习器材：足球若干、标志服若干、标志桶若干、标志盘若干。

练习人数：12 ~ 18人（3人一组，4 ~ 6组）。

练习时间：15 ~ 20分钟。

练习场地：20米 ×20米（可根据实际情况进行调整）。

组织方法：

1.教练员将队员分成3人一组，队员按图示位置站立。

2.练习开始后，中间队员持球，传球给任意一侧队员，传球之后快速跑动，绕到接球队员身后；然后接球队员向中间带球，再将球传给异侧第3名队员，依次循环练习。

指导要点：

1.当接球队员跑动到与传球队员平行时，传球队员应传球。

2.触球力量适中，传球准确。

3.传球队员在行进间传球时应注意向接球队员跑动路线传球。

4.传球队员传球之后应快速起动。

5.传球队员应向接球队员身后跑动。

主题：战术练习——2 对 1 防守	水平阶段：中级

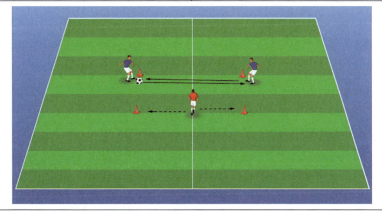

练习器材：足球若干、标志服若干、标志桶若干。

练习人数：12 ~ 18 人（3 人一组，4 ~ 6 组）。

练习时间：15 ~ 20 分钟。

练习场地：5 米 ×10 米（可根据实际情况进行调整）。

组织方法：

1. 教练员将队员分成红蓝两队，3 人一组（红队 1 人、蓝队 2 人）；教练员按图示布置场地。

2. 蓝队队员作为进攻方，在标志桶间相互传球，红队队员作为防守方，根据球的移动来选择位置。

3. 教练员规定进攻队员将球停好后再回传，防守队员在标志桶间做步伐移动。

4. 教练员规定练习时间，三人间角色互换。

变化：

蓝队队员形成 2 对 1 局面时边传球边通过由红队队员防守的标志桶端线，教练员鼓励红队队员上抢并断球。

指导要点：

1. 开始练习时，进攻队员传球节奏要慢，不要一脚出球。

2. 防守队员应随球移动。

3. 防守队员应侧滑步移动，移动迅速，保持防守姿势。

4. 防守队员应始终保持在进攻队员之间、靠近球队员的位置。

5. 进攻队员身体斜向站立，注意接球队员的位置。

6. 防守队员应向外侧逼迫持球队员。

主题：战术练习——2 对 2 防守	水平阶段：中级

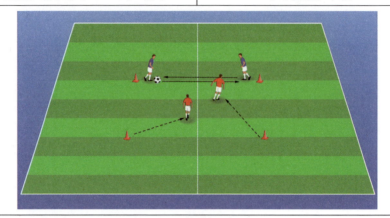

练习器材：足球若干、标志服若干、标志桶若干。

练习人数：16 ～ 24 人（4 人一组，4 ～ 6 组）。

练习时间：15 ～ 20 分钟。

练习场地：7 米 ×10 米（可根据实际情况进行调整）。

组织方法：

1. 教练员将队员分成红蓝两队，4 人一组（红队 2 人、蓝队 2 人）；教练员按图示布置场地。

2. 蓝队为进攻方，红队为防守方，分别以标志桶处为起点（建议在练习开始前先做 1 对 1 运球和后撤步，让队员温习一下防守技术）。

3. 练习开始后，进攻队员在标志桶间（原地）相互传球，防守队员迅速上前跟进，学习 2 对 2 防守技术，进攻队员要将球停好后再回传。

4. 教练员规定练习时间，攻防双方角色互换。

变化：

由静态练习进阶为行进间动态练习。

指导要点：

1. 距离持球队员近的防守队员应快速靠近球队员，站住，保持防守姿势。

2. 另一名防守队员随队友同样迅速移动，两人保持距离，按图示的斜向位置站立（一人在前，另一人在其斜后方），即一名防守队员靠近持球队员，另一名防守队员保护。

3. 两名防守队员要随球移动，移动迅速，配合默契。

主题：战术练习——倒三角回传射门练习	水平阶段：中级

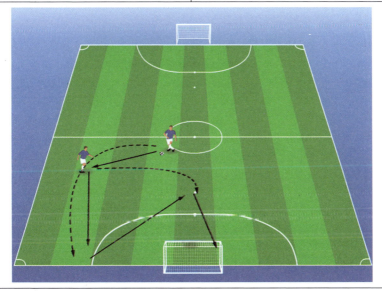

练习器材： 足球若干、标志服若干、球门1个。

练习人数： 12～16人（2人一组，6～8组）。

练习时间： 15～20分钟。

练习场地： 20米×20米（可根据实际情况进行调整）。

组织方法：

1. 练习开始后，两名队员在边路进行后套配合。

2. 完成后套配合后，传球队员向点球点跑动，准备包抄射门。

3. 接球队员在底线附近接球后，将球回传给点球点附近的包抄队员，包抄队员完成射门。

变化：

1. 设置守门员。

2. 增加一名防守队员。

指导要点：

1. 队员运球应迅速，包抄应迅速。

2. 传球队员在传球前应进行观察。

3. 传球队员应向接球队员跑动路线传球。

4. 包抄队员在射门前应观察守门员的位置。

5. 包抄队员应注意射门的准确性。

主题：战术练习——进攻组织	水平阶段：中级

练习器材： 足球若干、标志服若干、球门若干。

练习人数： 6人。

练习时间： 15～20分钟。

练习场地： 20米×30米（可根据实际情况进行调整）。

组织方法：

1. 教练员对6人进行位置划分（后腰、边前卫、前腰、前锋）。

2. 练习开始后，由后腰发起进攻，队员按固定配合方式将足球传入球门。

3. 每组练习每种方式5次，直到熟练为止。

指导要点：

1. 传球队员应在与接球队员相互呼应（眼神、手势）后传球。

2. 接球队员接应位置应适中。

3. 传球队员应注意传球的准确性。

4. 接球队员要有速度与节奏的变化。

主题：力量素质练习	水平阶段：中级

侧抛药球

深蹲 + 药球托举

壶铃蹬摆

练习器材：药球、壶铃。

练习人数：12 ~ 16 人（视实际情况而定）。

练习时间：55 分钟。

练习场地：20 米 × 20 米（可根据实际情况进行调整）。

组织方法：

1.热身（15分钟）。

（1）动态热身动作整合（10分钟）。

队员分别采用弓步行走、侧弓步走、高抬腿跑、行进间侧摆腿跑、行进间高跨步跑、小步跑、跳跃击脚跑、快速冲刺跑等方式通过规定距离（20米），然后慢跑返回起点，共计1组。

（2）神经激活（5分钟）。

队员分别做双脚快速点地、双脚前后跳、双脚左右跳动作，同时依据教练员的口令，分别进行下蹲、跳起、转髋动作后继续做之前的动作。

2.侧抛药球动作练习10次×3组（10分钟）。

3.深蹲＋药球托举动作练习10次×3组（10分钟）。

4.壶铃蹬摆动作练习10次×3组（10分钟）。

5.整理放松（10分钟）。

（1）泡沫轴肌肉放松。

（2）静态拉伸。

指导要点：

1.认真完成热身练习，以达到增强运动表现、避免受伤的目的。

2.按照动作标准进行练习，根据实际情况调整负荷强度和负荷量。

3.侧抛药球动作要领。

（1）双脚开立，略比肩宽，屈膝屈髋，重心降低，一侧脚支撑，另一侧脚脚尖点地。双手持药球放于身体前侧，上身向一侧旋转90°，腰背挺直，目视前下方。

（2）支撑腿旋转蹬地发力，髋关节充分伸展并向对侧转髋，带动上身向对侧方向旋转并带动手臂将球抛出。

（3）侧抛时注意药球的出手角度，动力链发力协调连贯，下肢蹬伸充分，出手角度适宜。

4.深蹲＋药球托举动作要领。

（1）双脚开立，略比肩宽，脚尖向前，双手张开且拇指相对，用手指及指根触球放于胸前，挺胸收腹，腰背平直，下颌微收，目视前方，保持下蹲姿势。

（2）双腿蹬伸发力，髋关节充分伸展，同时双手将药球举过头顶，手臂伸直。重复进行。

（3）下蹲时保证膝关节的正确位置，防止超过脚尖；蹬伸发力后保证髋关节发力充分，身体完全打开。

5.壶铃蹬摆动作要领。

（1）双脚开立，略比肩宽，脚尖向前，双手持壶铃自然下垂置于双腿之间，腰背平直，下颌微收，目视前方，保持下蹲姿势。

（2）双腿蹬伸发力，髋关节充分伸展，同时双手随惯性将壶铃上摆，上臂与躯干夹角大于90°，手臂伸直。重复进行。

（3）身体充分伸展后脚跟离地，整个动作保证对壶铃有良好的控制，躯干保持稳定，避免前后摇摆。

6.认真进行拉伸和放松，缓解疲劳。

主题：本体感觉增强	水平阶段：中级

波速球单脚站立

闭眼直线跑动练习

传接网球反应能力练习

练习器材： 标志桶、波速球、网球、眼罩。

练习人数： 12 ~ 16 人（视实际情况而定）。

练习时间： 50 分钟。

练习场地： 30 米 × 20 米（可根据实际情况进行调整）。

组织方法：

1. 热身（15 分钟）。

（1）脚踝、臀部激活（7 分钟）。

队员戴好迷你弹力带进行原地深蹲、侧向移动、前后移动等练习各 10 次。利用迷你弹力带的张力进行脚部的屈伸练习。

（2）动态热身动作整合（8 分钟）。

队员分别采用弓步行走、侧弓步走、高抬腿跑、后踢腿跑、跳跃击脚跑、快速冲刺跑等方式通过规定距离（20 米），然后慢跑返回起点，共计 1 组。

2. 波速球单脚站立 30 秒 × 3 组 / 侧（10 分钟）。

（1）双腿打开与髋同宽，双脚站在波速球上，脚尖和膝关节方向一致，躯干和头部保持稳定，目视前方，两前臂交叉，双手分别放于对侧上臂。

（2）单脚支撑，抬起对侧脚，髋、膝、踝在一条直线上，躯干和上肢保持不动，保持站立。

3. 闭眼直线跑动练习 10 米 × 3 组（5 分钟）。

（1）起跑姿势准备，队员在看到视觉提示后，闭眼（或戴眼罩）沿直线向前冲刺，脚尖和膝关节方向一致，头部和躯干保持稳定，上肢做前后摆臂动作。

（2）注意髋、膝、踝保持在一条线上进行跑动。

4. 传接网球反应能力练习 3 组（10 分钟）。

（1）准备姿势：双脚间距与肩同宽或略比肩宽，屈膝屈髋，重心前移，目视前方，双手自然置于胸前。

（2）队员在看到教练员抛过来的网球后，迅速做出反应，快速移动到网球到达的位置，在网球落地之前将其接住并将网球抛还给教练员，迅速移动到原来位置，重复进行。

（3）注意完成动作的连贯与迅速。

5. 整理放松（10 分钟）。

（1）泡沫轴肌肉放松。

（2）静态拉伸。

指导要点：

1. 认真完成热身练习，以达到增强运动表现、避免受伤的目的。

2. 强调动作完成的质量，静下心来体会自己各个部位的位置。

3. 集中注意力完成任务。

4. 认真进行拉伸和放松，缓解疲劳。

主题：运控球 1	水平阶段：进阶

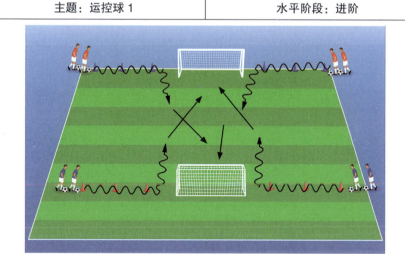

练习器材： 足球若干、标志服若干、标志桶若干、球门若干。

练习人数： 8 ～ 18 人（4 ～ 6 人一组，2 ～ 3 组）。

练习时间： 约为 20 分钟（每 10 分钟休息一次，休息时间不超过 2 分钟）。

练习场地： 30 米 ×25 米（可根据实际情况进行调整）。

组织方法：

1. 教练员将队员分为红蓝两队，每队两组，每人一球；教练员按图示布置场地。

2. 练习开始后，每组第一名队员同时运球出发，绕完标志桶后快速将球射向对方的球门。

3. 射门队员准备接教练员的传球，在规定区域内进行 2 对 2 攻防练习。

变化：

1. 加入一名自由队员，形成 3 对 2 局面。

2. 2 对 2 局面时加入时间限制。

3. 加入守门员。

指导要点：

1. 队员要始终将球控制在身体范围之内。

2. 队员应观察本方队员与对方队员的位置，选择合理的运球方向射门。

3. 队员应相互呼应，尽量实现更多突破。

主题：运控球 2	水平阶段：进阶

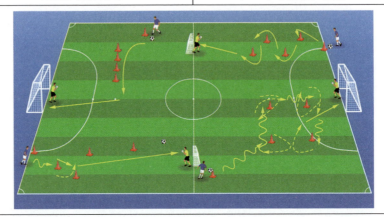

练习器材：足球若干、标志桶若干、球门若干（中场球门可以为七人制球门或五人制球门）。

练习人数：8 ~ 20 人。

练习时间：15 ~ 20 分钟。

练习场地：60 米 × 60 米（可根据实际情况进行调整）。

组织方法：

1. 教练员按图示布置场地。每个球门前站一名守门员，4 名队员分别从 4 个起点开始练习。

2. 队员运球绕过标志桶，然后快速完成射门，射门后进行下一个部分的练习。

3. 队员向标志桶组成的横线处运球，横向内切移动，射门前将球从左脚调整到右脚，最后完成射门，射门后进行下一个部分的练习。

4. 队员先向标志桶运球，再向标志桶一侧做短传，然后从标志桶另一侧跑过（人球分过），最后完成射门。

5. 队员运球绕过每个标志桶后射门，射门后进行下一个部分的练习。

6. 4 名队员按逆时针方向练习一圈后换其他队员练习。

指导要点：

1. 队员在运球时应多用双脚触球，将球始终控制在身体范围之内，抬头观察。

2. 队员进行直线运球及变向时速度要快。

3. 队员在射门前应减速，调整身体姿势，抬头观察。

4. 队员应注意射门的准确性。

主题：传球 1	水平阶段：进阶

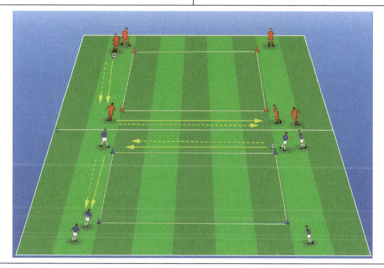

练习器材： 足球若干、标志服若干、标志桶若干。

练习人数： 12 ~ 18 人（6 人一组，2 ~ 3 组）。

练习时间： 9 ~ 12 分钟（3 分钟一组，组间间歇 1 分钟）。

练习场地： 每组 10 米 ×10 米（可根据实际情况进行调整）。

组织方法：

1. 教练员按图示布置场地。队员 6 人一组，每组一球，按图示位置站立。

2. 练习开始后，每组一人发球，传球后迅速跑到接球队员处，沿逆时针方向循环。

变化：

1. 教练员限制触球次数。

2. 每组增加同时传球时的足球数量。

3. 教练员扩大规定区域范围，鼓励队员用脚背正面传球或运用长传球技术。

指导要点：

1. 队员应移动接应，接球前注意观察。

2. 队员应注意传球的力度、速度与准确性（远离标志桶）。

3. 停球与传球的动作衔接速度要快。

主题：传球 2	水平阶段：进阶

练习器材： 足球若干、标志服若干、标志盘若干。

练习人数： 18～27 人（9 人一组，2～3 组）。

练习时间： 9～12 分钟（3 分钟一组，组间间歇 1 分钟）。

练习场地： 10 米 ×25 米，中间网格为 10 米 ×5 米（可根据实际情况进行调整）。

组织方法：

1. 教练员将队员分为红、黄、蓝 3 队，每队各 3 名队员；用标志盘将场地分为 3 个网格，红队在靠近教练员的网格中，黄队在中间网格中，蓝队在最远离教练员的网格中。

2. 教练员将球传给红队的一名队员，黄队的一名队员迅速冲进红队网格，进行抢球，形成 3 对 1 局面。

3. 红队队员不间断传球 5 次，通过渗透性传球，将球传给蓝队队员，此时黄队一名队员（身处红队网格外）进入蓝队网格，进行抢球。原红队网格中的黄队队员，则回到中间网格。

4. 黄队抢球成功，被抢小队与黄队互换角色。

变化：

1. 教练员可将中间网格中的 3 名防守队员缩减为 2 名，以降低难度。

2. 教练员可通过增减触球次数调整难度。

指导要点：

1. 队员在传球前应观察本方队员与防守队员的位置。

2. 队员应根据防守队员的位置选择合理的传球路线。

3. 队员应大胆进行渗透性传球。

4. 接球队员应移动接应。

主题要素：接控球	水平阶段：进阶

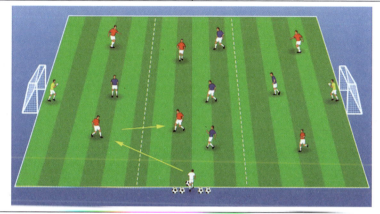

练习器材： 足球若干、标志服若干、球门若干。

练习人数： 13 人（包括 2 名守门员和 1 名发球队员）。

练习时间： 15 ~ 20 分钟。

练习场地： 30 米 ×21 米（可根据实际情况进行调整）。

组织方法：

1. 教练员在两侧底线设置 2 个球门。

2. 教练员将区域按图示进行三等分，并将队员分为红蓝两队，两侧区域形成 2 对 1 局面，中间区域形成 2 对 3 局面。

3. 教练员将球传给红队队员，红队队员传球通过中间区域到其前场区域，射门得分。

4. 蓝队队员防守，如果获得球权，快速进攻射门。

5. 攻守双方在区域内进行轮换，以确保所有队员都能在每一个区域和位置参与练习。

变化：

1. 传球可越过中间区域直接进入前场区域。

2. 蓝队队员中，任何数量的队员都可以在任何区域中拼抢，以获得球权。

3. 由守转攻，一方在规定时间内完成射门（如 7 秒）。

指导要点：

1. 进攻队员在接球前应观察、相互配合，并不断通过无球移动创造接球的空间。

2. 进攻队员接球时应根据防守队员的位置选择第一次触球的方向及技术，以保持球权或快速向前。

3. 接球与下一个动作衔接要迅速。

主题：射门 1	水平阶段：进阶

练习器材：足球若干、标志服若干、标志桶若干、球门若干。

练习人数：8 人（包括 2 名守门员）。

练习时间：12 ~ 15 分钟。

练习场地：20 米 ×15 米（可根据实际情况进行调整）。

组织方法：

1. 教练员将队员分为两组，按图示布置场地。

2. 练习开始后，一组守门员先发球，同组队员在规定区域内进行 3 对 3 射门。

规则：

1. 进球方守门员发球继续进攻。

2. 球出界时，两组交换球权。

得分方式：

1. 进一球得 1 分。

2. 连续进三球得 5 分。

胜负方式：

练习结束后比较两组的总得分，得分多的组获胜。

变化：

1. 教练员限制队员的触球次数。

2. 教练员延长射门的距离。

指导要点：

1. 教练员要求队员尽可能多地射门。

2. 进攻队员应注意选择射门的脚法。

3. 进攻队员应注意射门的准确性。

4. 防守队员应积极防守。

主题：限制性小场地比赛	水平阶段：进阶

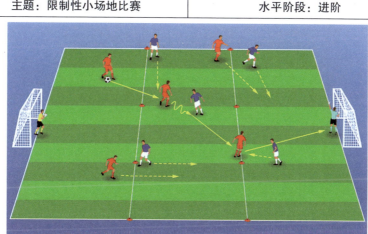

练习器材：足球若干、标志服若干、标志盘若干、球门若干。

练习人数：12人。

练习时间：4 ~ 6分钟（每组练习2 ~ 3分钟，练习间隔至少1分钟）。

练习场地：25米 ×25米（可根据实际情况进行调整）。

组织方法：

1. 教练员按图示将练习区域分为3块，队员分为两队，分别着红、蓝两色标志服，在场地两边各设置一个标准球门和一名守门员。

2. 两队在场地内进行攻防练习，射门必须在球门前8米外完成，除此之外可以在场地内任何地方运球和传球。

得分方式：

在规定时间内得分最多的队伍获胜。

变化：

1. 教练员将触球次数限制在两脚以内。

2. 教练员限定队员射门时使用哪只脚。

指导要点：

1. 队员应相互鼓励、呼应。

2. 无球队员应不断移动寻求接应的机会。

3. 队员应大胆运用技术动作，注意技术动作运用的合理性。

4. 队员应在获得机会后果断射门。

5. 队员应注意射门的准确性。

主题：进攻战术（中场、前场）	水平阶段：进阶

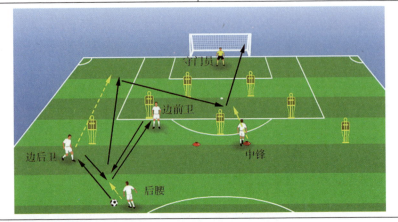

练习器材： 足球若干、标志盘若干、人墙若干、球门1个。

练习人数： 每组5人。

练习时间： 15 ~ 20分钟。

练习场地： 半个足球场。

组织方法：

1.后腰持球，将球传给边后卫，边后卫回传；边前卫出接，后腰一脚出球传给边前卫；边前卫回传，后腰向前迎球接球，同时边后卫前插；后腰持球后直塞，同时异侧中锋快速前插包抄，边后卫得球后传中（倒三角等形式），边前卫、中锋包抄射门，同时后腰到罚球区弧顶，控制外围。

2.左右循环练习。

指导要点：

1.队员不要提前占据接球位置并被防守队员盯防，需摆脱到有利位置接球。

2.队员应注意传球和跑动的时机。

3.队员应注意传球的准确性。

4.队员包抄时应抢前点射门。

5.队员应注意射门的准确性。

主题：速度素质练习	水平阶段：全部水平

躺姿看教练员给出的视觉信号加速起跑

抛接网球

看信号四点触摸标志桶

高抬腿＋加速跑

练习器材：标志桶、网球、弹力带。

练习人数：12 ~ 16 人（视实际情况而定）。

练习时间：45 分钟。

练习场地：30 米 ×20 米（可根据实际情况进行调整）。

组织方法：

1. 热身（15 分钟）。

（1）臀部激活（5 分钟）。

队员戴好弹力带进行原地深蹲、侧向移动、前后移动等练习各 10 次。

（2）动态热身动作整合（10 分钟）。

队员分别采用弓步行走、侧弓步走、高抬腿跑、行进间侧摆腿跑、行进间高跨步跑、小步跑、跳跃击脚跑、快速冲刺跑等方式通过规定距离（20 米），然后慢跑返回起点，共计 1 组。

2. 躺姿看教练员给出的视觉信号加速起跑训练 3 组（5 分钟）。

队员头朝运动方向躺好，看到教练员给出的视觉信号后立刻翻转身体成俯卧姿势，然后迅速起身向前冲刺。

3. 抛接网球训练 3 组（5 分钟）。

（1）队员屈膝屈髋，重心前倾，双手置于身体两侧；当看到网球从教练员手中自由下落时，迅速反应上前一步接住网球，再抛给教练员，迅速回到原来位置。

（2）上步迅速，若没有接到网球，则直接迅速回到原来位置，保持准备姿势。

4. 看信号四点触摸标志桶 2 组（5 分钟）。

（1）队员屈膝屈髋，重心前倾，目视前方，站在用 4 个标志桶摆放的正方形边缘。

（2）队员看到教练员给出的手势（数字）后，迅速跑到标有对应数字的标志桶旁，并用手触摸，然后迅速回到原来位置，保持准备姿势。

5. 高抬腿 + 加速跑 3 组（5 分钟）。

（1）双脚打开与肩同宽，脚尖和膝关节向前，队员原地进行高抬腿练习。

（2）队员看到视觉信号后，迅速向前冲刺。

6. 整理放松（10 分钟）。

（1）泡沫轴肌肉放松。

（2）静态拉伸。

指导要点：

1. 认真完成热身练习，以达到增强运动表现、避免受伤的目的。

2. 队员应集中注意力，第一时间对视觉信号做出反应。

3. 冲刺时脚尖和膝关节方向一致，头部和躯干保持稳定，目视前方，上肢做前后摆臂动作。

4. 队员应在组间间歇进行充分休息，保证每组速度训练的质量。

5. 认真进行拉伸和放松，缓解疲劳。

主题：耐力素质提高	水平阶段：全部水平

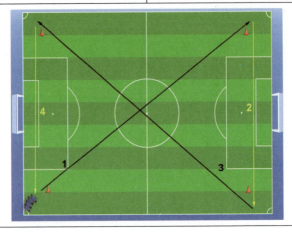

练习器材：标志桶若干。
练习人数：12～16人（视实际情况而定）。
练习时间：60分钟。
练习场地：90米×60米（可根据实际情况进行调整）。

组织方法：
1.热身（15分钟）。
（1）慢跑（5分钟）。
绕球场慢跑3圈。
（2）动态热身动作整合（10分钟）。
队员分别采用弓步行走、侧弓步走、高抬腿跑、行进间侧摆腿跑、行进间高跨步跑、小步跑、跳跃击脚跑、快速冲刺跑等方式通过规定距离（20米），然后慢跑返回起点，共计1组。
2.练习（35分钟）。
教练员按图示在球场4个角摆放4个标志桶，队员按照图示顺序进行对角线冲刺跑；黄色箭头标出的是慢跑缓冲区，在该区域可以进行慢跑调整；跑完4个阶段后一轮结束；练习15轮为1组（根据队员水平进行调整），练习3组。
3.整理放松（10分钟）。
（1）泡沫轴肌肉放松。
（2）静态拉伸。

指导要点：
1.认真完成热身练习，以达到增强运动表现、避免受伤的目的。
2.队员在跑步时应注意节奏。
3.冲刺时脚尖和膝关节方向一致，头部和躯干保持稳定，目视前方，上肢做前后摆臂动作。
4.队员应相信自己，努力完成完整训练过程。
5.认真进行拉伸和放松，缓解疲劳。

二、特奥足球训练教案

主题：球感 1	水平阶段：初级

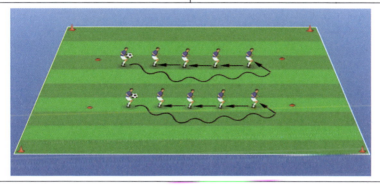

练习器材： 足球若干、标志服若干、标志盘若干、标志桶若干。

练习人数： 10 ~ 16 人（视实际情况而定）。

练习时间： 15 ~ 20 分钟。

练习场地： 20 米 ×30 米（可根据实际情况进行调整）。

组织方法：

1. 教练员将队员等分为若干小组，每组成一条直线排列，每组第一名队员手持球。

2. 每名队员双腿分开站立，每组第一名队员从双腿之间用手将球传递给下一名队员，依次传递直到队尾，球不可以落地。

3. 队尾队员跑到队首位置，继续传递，依次进行练习。

变化：

教练员改变传递球的方式。

指导要点：

1. 队员应注意与前后队员的沟通。

2. 间距适中，以便传递。

3. 队员出现注意力不集中的情况后，应原地休息调整。

4. 教练员应鼓励与激励队员。

主题：球感 2	水平阶段：中级

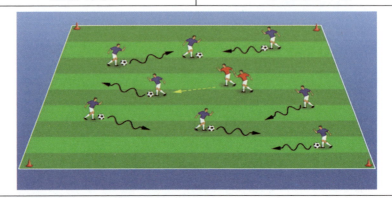

练习器材：足球若干、标志服若干、标志桶若干。

练习人数：10 ~ 16 人（视实际情况而定）。

练习时间：15 ~ 20 分钟。

练习场地：20 米 × 30 米（可根据实际情况进行调整）。

组织方法：

1. 2 名队员扮演捕手，手拉手成网"捕鱼"；其余队员持球扮演鱼在规定区域内进行运控球，并躲避"捕手"。

2. "捕手"之间不能松手，持球队员不得将球运出界。

得分方式：

"捕手"将持球队员的球破坏出界得 1 分，被捕的队员自动与"捕手"拉手成网，参与"捕鱼"。

变化：

改变场地大小以调整难度。

指导要点：

1. 队员在控球时应保持球在身前，不可离球太远。

2. 队员应有意识地向场内更大的空间跑动。

3. 注意力集中，脚下保持动起来的状态。

4. 队员出现注意力不集中的情况后，应原地休息调整。

5. 教练员应鼓励与激励队员。

主题：球感 3	水平阶段：进阶

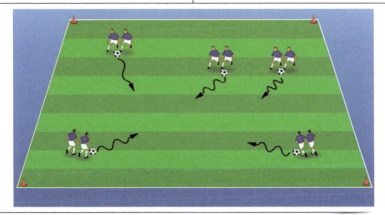

练习器材：足球若干、标志服若干、标志桶若干。

练习人数：8 ~ 12 人（2 人一组，4 ~ 6 组）。

练习时间：15 ~ 20 分钟。

练习场地：20 米 ×30 米（可根据实际情况进行调整）。

组织方法：

1. 教练员将所有队员分成 2 人一组。

2. 队员手拉手控制一个足球并在规定区域内运球。

3. 教练员发出指令后，2 名队员要在保护自己足球的同时去破坏其他组的球，过程中不能松手。

得分方式：

规定时间内破坏掉一次球得 1 分。

指导要点：

1. 队员注意力集中，控球时尽量把球保持在协作双方中间。

2. 队员应向场内更大的空间运球。

3. 协作双方应注意协作与分工。

4. 队员出现注意力不集中的情况后，应原地休息调整。

5. 教练员应及时关注协作双方是否因为意见不一致产生矛盾。

6. 教练员应鼓励与激励队员。

主题：运控球 1	水平阶段：初级

练习器材： 足球若干、标志服若干、标志桶若干。

练习人数： 8 ~ 16 人。

练习时间： 10 ~ 15 分钟。

练习场地： 20 米 × 20 米（可根据实际情况进行调整）。

组织方法：

1. 教练员按图示布置场地，队员每人一球，在规定区域内用手运球，可单手，可双手，不限方向，教练员示范不同动作。

2. 队员在规定区域内运球前进，运球过程中注意躲避标志桶，不限部位、方向，教练员示范不同动作。

3. 队员在规定区域内运球前进，运球过程中注意躲避标志桶，听教练员哨音将球停住，可以用手，教练员示范不同动作。

4. 队员在规定区域内运球前进，运球过程中注意躲避标志桶，听教练员哨音将球停住，不可以用手，教练员示范不同动作。

指导要点：

1. 队员在运球前应保持膝关节自然弯曲。身体稍微前倾的姿态。

2. 队员应用脚背正面、脚内侧、脚背外侧触球。

3. 触球力量适中。

4. 队员的脚应触球的中部。

5. 触球后身体应快速跟上。

6. 队员应用前脚掌踩球的方式停球。

7. 教练员应鼓励与激励队员。

主题：运控球 2	水平阶段：中级

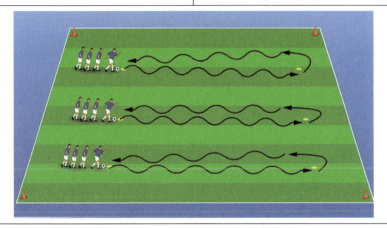

练习器材： 足球若干、标志服若干、标志盘若干、标志桶若干。

练习人数： 10 ~ 16 人（视实际情况而定）。

练习时间： 15 ~ 20 分钟。

练习场地： 10 米 ×30 米（可根据实际情况进行调整）。

组织方法：

1. 教练员将队员均分成若干小组。

2. 第一名队员运球到终点，取一个标志盘后运球回到起点，将标志盘放到起点后把球交给下一名队员。所有队员依次练习。

得分方式：

率先取回所有标志盘的组获胜。

指导要点：

1. 注意力集中，脚下保持动起来的状态。

2. 教练员应多鼓励队员，通过语言和手势引导队员运球。

3. 队员出现注意力不集中的情况后，应原地休息调整。

4. 教练员应鼓励与激励队员。

主题：运控球 3	水平阶段：进阶

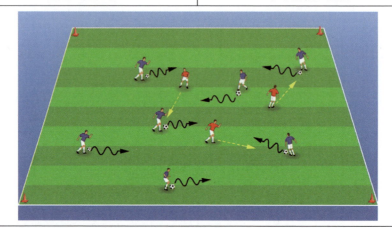

练习器材：足球若干、标志服若干、标志桶若干。

练习人数：10 ~ 16 人（视实际情况而定）。

练习时间：15 ~ 20 分钟。

练习场地：20 米 ×20 米（可根据实际情况进行调整）。

组织方法：

1. 教练员随机选 2 ~ 3 名抢球队员，不持球，其余队员在规定区域内运球。

2. 抢球队员在规定时间内破坏其他队员的球。

3. 球被破坏的队员须在场边进行原地踩球、荡球、拉球练习。

规则：

球被破坏出规定区域视为丧失球权。

指导要点：

1. 队员应随时观察周围的情况。

2. 队员应将球控制在身前，不可离球过远。

3. 队员在丢球以后应迅速反抢。

4. 队员出现注意力不集中的情况后，应原地休息调整。

5. 教练员应鼓励与激励队员。

主题：传球 1	水平阶段：初级

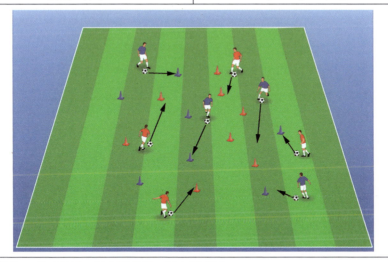

练习器材： 足球若干、标志服若干、标志桶若干。

练习人数： 8 ~ 16 人（视实际情况而定）。

练习时间： 15 ~ 20 分钟。

练习场地： 20 米 × 20 米（可根据实际情况进行调整）。

组织方法：

队员在规定区域内运球并寻找标志桶，用脚踢球的方式将标志桶击倒，并立刻将标志桶扶正。

变化：

1. 教练员调整踢球击桶时的距离。

2. 教练员要求队员将规定区域内所有的标志桶击倒，并计时。

3. 任务升级，队员须在规定时间内将所有的标志桶用球击倒。任务失败，所有的队员要受惩罚；任务成功，教练员要受惩罚。

指导要点：

1. 队员身体要朝向目标。

2. 队员的脚应触球的中部。

3. 教练员应做充分示范，可示范不同脚法的踢球方式。

4. 教练员应鼓励与激励队员。

主题：传球 2	水平阶段：中级

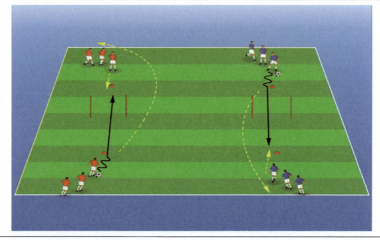

练习器材：足球若干、标志服若干、标志杆若干、标志盘若干。

练习人数：10 ~ 16 人（视实际情况而定）。

练习时间：15 ~ 20 分钟（每组练习 2 分钟，组间间歇 1 分钟）。

练习场地：每两组区域 20 米 ×5 米（可根据实际情况进行调整）。

组织方法：

1. 教练员将队员均分为若干组，每两组队员按图示位置相对站立。

2. 第一名队员从起点运球，在接近中间的标志杆时，传球穿过两个标志杆组成的球门并跑位至对面组队尾，对面组队员接到球后循环练习。

变化：

教练员通过增减传球的距离和标志杆之间的距离调整难度。

指导要点：

1. 传球队员应与接球队员呼应。

2. 传球队员应注意控制传球的力量与方向。

3. 接球队员应根据来球方向快速移动。

4. 教练员应鼓励与激励队员。

主题：传球 3	水平阶段：进阶

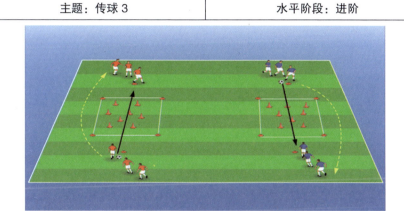

练习器材： 足球若干、标志服若干、标志桶若干、标志盘若干。

练习人数： 10～16 人（视实际情况而定）。

练习时间： 15～20 分钟（每组练习 2 分钟，组间间歇 1 分钟）。

练习场地： 每两组区域 10 米×10 米（可根据实际情况进行调整）。

组织方法：

1. 教练员将队员均分为若干组，每两组队员按图示位置相对站立，每两组中间区域放置 8～10 个标志桶。

2. 第一名队员从起点传球，并尽量将中间的标志桶击倒，传球后跑至对面组队尾。

3. 对面组接球队员接到球后以同样的方法，将球传给对面组第二名队员，同时试图将标志桶击倒，循环练习。

变化：

教练员通过增减传球的距离和标志桶摆放的密度调整难度，也可以规定每名队员触球的次数。

指导要点：

1. 队员应加大传球的力量，控制好传球的方向与高度。

2. 队员在传球后应迅速向前跑动。

3. 接球队员应做好观察和准备姿势，脚下快速移动。

4. 教练员应鼓励与激励队员。

主题：接控球 1	水平阶段：初级

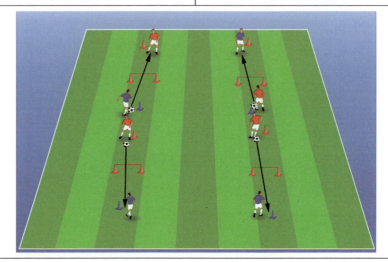

练习器材： 足球若干、标志服若干、标志桶若干、标志杆若干。

练习人数： 8 ～ 16 人（视实际情况而定）。

练习时间： 15 ～ 20 分钟。

练习场地： 20 米 ×20 米（可根据实际情况进行调整）。

组织方法：

1. 教练员将队员分为 2 人一组，每组一球；教练员按图示布置场地，用标志桶控制传球距离，用标志桶与标志杆组装成栏架，可调节高度与宽度。

2. 队员 2 人一组原地传球穿过栏架，栏架高度与宽度都最大。

3. 队员 2 人一组原地传球穿过栏架，栏架高度调至中等，宽度不变。

4. 队员 2 人一组原地传球穿过栏架，栏架高度调至中等，收窄宽度。

5. 队员 2 人一组原地传球穿过栏架，栏架高度调至最低，宽度不变。

指导要点：

1. 接球队员接球前应注意移动速度。

2. 接球队员可采用前脚掌踩球的方式接球，教练员应做充分示范。

3. 教练员应鼓励与激励队员。

主题：接控球 2	水平阶段：中级

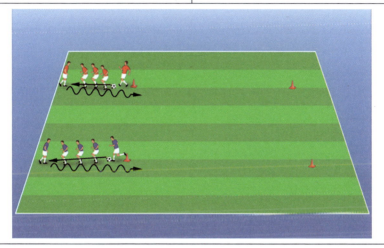

练习器材：足球若干、标志服若干、标志桶若干。

练习人数：10 ～ 16 人。

练习时间：15 ～ 20 分钟。

练习场地：20 米 ×20 米（可根据实际情况进行调整）。

组织方法：

1. 教练员将队员均分为若干组，每组排成一条直线。

2. 每组最后一名队员开始传球，使球通过中间队员的胯下传给第一名队员，第一名队员接球后运球至队尾，循环练习。

规则：

最先完成一轮循环练习的小组获胜。

指导要点：

1. 队员应控制传球的力量及准确性。

2. 队员应用合理的部位接球。

3. 队员应注意协作。

4. 教练员应鼓励与激励队员。

主题：接控球 3	水平阶段：进阶

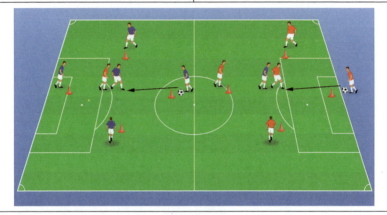

练习器材：足球若干、标志桶若干、标志服若干。

练习人数：12 ~ 24 人（6 人一组，2 ~ 4 组）。

练习时间：15 ~ 20 分钟。

练习场地：每组 10 米 × 10 米（可根据实际情况进行调整）。

组织方法：

1. 教练员将队员分为 6 人一组，按图示布置场地，每个标志桶后各有一名进攻队员负责传球，规定区域内有一名进攻队员和一名防守队员。

2. 规定区域内进攻队员向外围进攻队员要球，防守队员背后跟随进行干扰，规定区域内进攻队员接到球后停球回传。

3. 规定区域内进攻队员向外围进攻队员要球，防守队员背后跟随进行干扰，规定区域内进攻队员接到球后不可回传，向其余队员传球。

指导要点：

1. 队员在接球前要呼应。

2. 队员在接球前应向前迎球，即将接球时应减速。

3. 队员在接球前应做好身体准备，降低重心。

4. 教练员应鼓励与激励队员。

主题：射门 1	水平阶段：初级

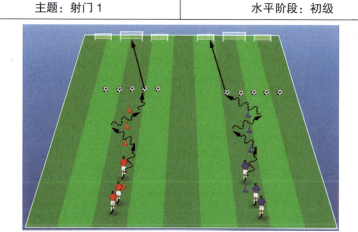

练习器材： 足球若干、标志服若干、标志桶若干、球门若干。

练习人数： 6 ~ 18 人（视实际情况而定）。

练习时间： 约 20 分钟。

练习场地： 每组区域 15 米 ×8 米（标志桶间隔 1 米，球距离球门 6 ~ 8 米，球门间隔 1 ~ 2 米）。

组织方法：

1. 教练员将队员均分为若干组，按图示布置场地，各组队员按图示分别在红、蓝两色标志桶后排队站立。

2. 队员跑步绕过标志桶，并在摆放球处踢任意一球射门，将球踢进中间的球门得 1 分，踢进两侧的球门得 3 分。

3. 队员射门后不用捡球，迅速跑回起点与下一个人击掌，下一个人继续，依次进行练习。

胜负方式：

首先得 10 分的队伍获胜。

变化：

1. 教练员调整射门距离。

2. 教练员调整球门之间的距离。

指导要点：

1. 队员在触球之前应减速。

2. 队员在射门之前应调整身体姿势。

3. 身体应朝向射门方向。

4. 队员在射门时要充分摆腿，教练员应做充分示范。

5. 队员在射门时应保持身体姿势（不要下蹲，不要后仰，身体放松）。

6. 教练员应鼓励与激励队员。

主题：射门 2	水平阶段：中级

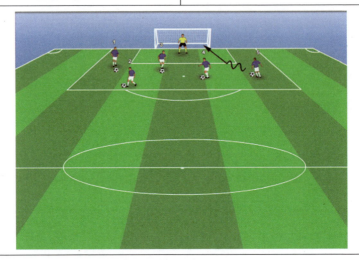

练习器材： 足球若干、标志服若干、球门 1 个。

练习人数： 5 ~ 10 人（视实际情况而定）。

练习时间： 15 ~ 20 分钟。

练习场地： 罚球区域 20 米 ×20 米。

组织方法：

1. 教练员将队员进行数字编号或队员自己挑选数字号码。

2. 队员每人持一球，在规定区域内自由运球，教练员随机叫号码，被叫到号码的队员在 20 秒内完成射门，教练员继续叫下一个号码。

3. 教练员尽量保证在一轮游戏中每名队员的练习机会均等。

指导要点：

1. 队员应保持注意力集中，快速做出反应。

2. 队员在射门前应观察守门员位置，向远离守门员的球门一侧射门。

3. 队员出现注意力不集中的情况后，应原地休息调整。

4. 教练员应鼓励与激励队员。

主题：射门 3	水平阶段：进阶

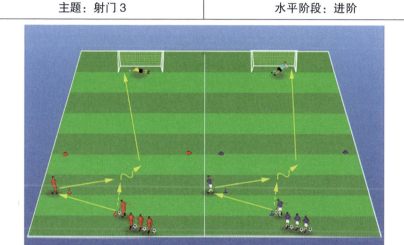

练习器材： 足球若干、标志服若干、标志桶若干、标志盘若干、球门若干。

练习人数： 10 ～ 16 人（视实际情况而定）。

练习时间： 15 ～ 20 分钟。

练习场地： 每组 20 米 ×25 米（可根据实际情况进行调整）。

组织方法：

1. 教练员将队员均分为若干组，每组一块训练场地，每人一球，在各自起点处站好，左侧标志桶处安排一名传球队员。

2. 练习开始后，射门队员首先将球传给左侧传球队员，并向前跑动接球。

3. 射门队员接传球队员的传球后，运球射门。

变化：

教练员可调整射门的距离。

指导要点：

1. 射门队员传球后应快速向前跑动接球。

2. 射门队员在射门前应减速。

3. 射门队员在射门前应观察球门及守门员的位置。

4. 射门队员在射门时应充分摆腿，加大射门力量。

5. 射门队员应向远离守门员的球门一侧射门。

6. 教练员应鼓励与激励队员。

主题：1 对 1 对抗 1	水平阶段：初级

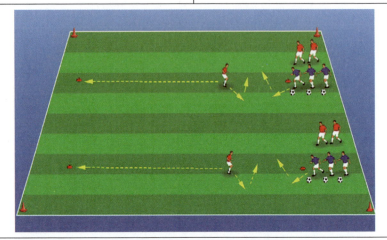

练习器材： 足球若干、标志服若干、标志桶若干、标志盘若干。

练习人数： 10 ~ 16 人（视实际情况而定）。

练习时间： 10 ~ 15 分钟。

练习场地： 每组区域长 10 米（可根据实际情况进行调整）。

组织方法：

1. 教练员将队员分为红蓝两队，红队防守，蓝队进攻。

2. 蓝队队员依次跑向另一侧边线，红队队员对其进行 1 对 1 防守。

3. 防守队员只有两次触碰进攻队员的机会，之后可通过向后退来延缓对方的跑动。

指导要点：

1. 防守队员应通过降低重心、左右快速移动的方式尽量延长进攻队员的跑动时间。

2. 进攻队员要善于利用假动作、变向、变速来摆脱防守队员。

3. 教练员应鼓励与激励队员。

主题：1对1对抗2	水平阶段：中级

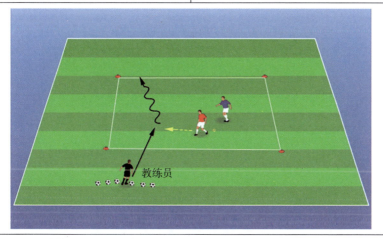

练习器材： 足球若干、标志服若干、标志盘若干。

练习人数： 10～16人（2人一组，5～8组）。

练习时间： 15～20分钟。

练习场地： 15米×15米（可根据实际情况进行调整）。

组织方法：

1. 教练员将队员分为2人一组，每人防守一条底线。

2. 练习开始后，教练员在边线外传球，指定的进攻队员接球，两人在规定区域内进行1对1对抗练习。

规则：

1. 队员运球通过对方防守的底线，并将球控制在脚下加1分。

2. 两人轮换进攻。

指导要点：

1. 队员在运球时应将球控制在脚下。

2. 队员应利用变向、变速突破对手。

3. 队员应在发现突破的机会时加速。

4. 教练员应鼓励与激励队员。

主题：1对1对抗3	水平阶段：进阶

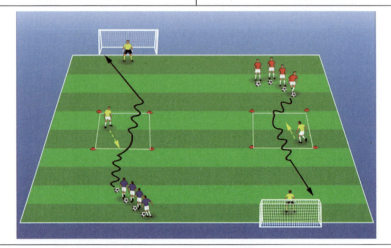

练习器材：足球若干、标志服若干、标志盘若干、球门若干。

练习人数：10 ~ 16人（视实际情况而定）。

练习时间：15 ~ 20分钟。

练习场地：队员运球距离5 ~ 8米，中间区域8米×8米，中间区域距离球门10 ~ 12米。

组织方法：

1. 教练员在场地的两个端线各设置一个球门，将队员均分为若干组，在中间设置8米×8米的防守区域并设置一名防守队员。

2. 教练员给出信号后，第一名进攻队员从起点向前运球至防守区域内，突破防守队员后射门；第一名进攻队员完成射门后，第二名进攻队员开始运球，依次循环。

3. 一组练习结束后，攻防队员轮换。

指导要点：

1. 进攻队员应选择合适的方式突破防守队员。

2. 进攻队员在射门时应观察守门员的位置。

3. 进攻队员应注意补射。

4. 教练员应鼓励与激励队员。

主题：速度、耐力	水平阶段：中级、进阶

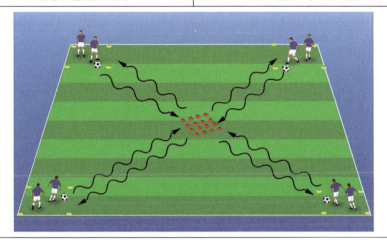

练习器材：足球若干、标志服若干、标志盘若干。

练习人数：8 ~ 16人（视实际情况而定）。

练习时间：10 ~ 15分钟。

练习场地：16米×16米（可根据实际情况进行调整）。

组织方法：

1. 教练员将队员均分为4组，每组队员在各自规定区域内准备；教练员按图示布置场地。

2. 各组用运球的方式通过规定路线后抢夺标志盘，且每次只允许抢夺一个，在一名队员运球回到本方区域并与下一名队员击掌后，下一名队员出发。

规则：

抢夺标志盘最多的组获胜。

变化：

队员可到对方区域抢夺标志盘，规定时间内本方区域标志盘最多的组获胜。

指导要点：

1. 教练员注意场地适中，保证队员迅速观察、快速反应，同时保证队员有一定的位移距离。

2. 教练员要求队员全速运球。

3. 教练员提醒队员在练习中时刻注意观察，结合本方及对方标志盘的位置做出决策。

4. 教练员应鼓励与激励队员。

主题：协调、灵敏	水平阶段：中级、进阶

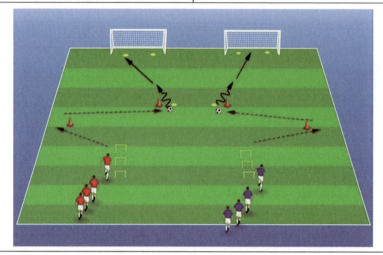

练习器材： 足球若干、标志服若干、标志桶若干、标志盘若干、栏架若干、球门若干。

练习人数： 8 ~ 16 人（视实际情况而定）。

练习时间： 15 ~ 20 分钟。

练习场地： 30 米 × 25 米（可根据实际情况进行调整）。

组织方法：

练习开始后，第一名队员跳过栏架，绕过标志桶（外侧绕桶），运球完成射门（射入两标志盘中间区域得1分，射到两边区域得3分），到球门内捡球放回黄色标志盘处，冲刺回到起点位置与下一名队员击掌，下一名队员才能开始。

变化：

教练员可改变跳跃栏架和绕桶移动的方式。

指导要点：

1. 队员在跳跃栏架时应前脚掌起跳、落地，动作协调。

2. 队员在跑动时应全速前进。

3. 队员在绕桶时应保持重心降低。

4. 教练员应鼓励与激励队员。

三、盲人足球训练教案

主题：球感	水平阶段：初级

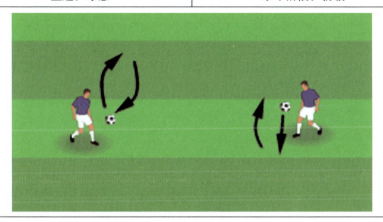

练习器材：足球若干、标志服若干。

练习人数：6 ~ 12 人（视实际情况而定）。

练习时间：15 ~ 20 分钟。

练习场地：20 米 ×20 米（可根据实际情况进行调整）。

组织方法：

1. 队员每人一球，手持球。

2. 教练员向队员介绍球的构造，并双手持球摇晃至球发出声音。

3. 手持球摇晃练习。教练员让队员双手持球摇晃，熟悉球内的特殊声音。

4. 拍球接住反弹球练习。教练员让队员双手向地面拍球，接住反弹球，熟悉球的弹性。

指导要点：

1. 训练时，教练员应保证场地四周空旷，没有危及队员安全的障碍物，场地附近没有其他危及队员安全的隐患。

2. 拍球前，队员双手持球，双脚分开，先摇晃球再拍球，拍球要落地，力量要适中。

3. 因力量问题导致队员拍球时没接到球，在队员寻找球时，教练员一定要发出声音，喊"WOYI"，利用声音引导队员。

主题：前脚掌踩球、拉球	水平阶段：初级

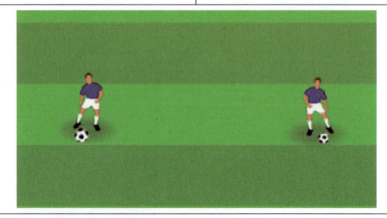

练习器材： 足球若干、标志服若干。

练习人数： 6 ～ 12 人（视实际情况而定）。

练习时间： 15 ～ 20 分钟。

练习场地： 20 米 × 20 米（可根据实际情况进行调整）。

组织方法：

1. 队员每人一球。

2. 队员在规定区域内进行前脚掌交替踩球练习。

3. 队员在规定区域内进行前脚掌拉球练习，即前脚掌交替踩球、直线拉球行走和变向拉球行走。

指导要点：

1. 训练时，教练员应保证场地四周空旷，没有危及队员安全的障碍物，场地附近没有其他危及队员安全的隐患。

2. 前脚掌交替踩球。队员将足球放在双脚中间，膝关节微屈，身体稍前倾，将左脚前脚掌放到足球上部；左脚向左离开球，右脚前脚掌踩到足球上部；左右脚前脚掌交替踩球，依次进行练习。

3. 练习初期，教练员应采用手握方法，帮助队员正确接触足球。

4. 教练员在指导队员做前脚掌拉球动作时，先用手握住队员的脚，帮助队员找到触球的正确部位；也可以示范正确动作，让队员触摸和感知。

5. 先静后动，循序渐进地练习。在前脚掌拉球练习初期，不要让足球滚动，队员先在原地练习前脚掌触球动作，等动作熟练之后，再做行进间的前脚掌拉球练习。

6. 教练员应注意声音引导。在前脚掌拉球的过程中，一旦队员失去对足球的控制，教练员一定要喊"WOYI"，通过声音引导、帮助队员寻找足球。

主题：原地接球	水平阶段：初级

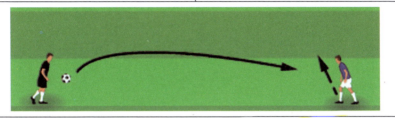

练习器材：足球若干、标志服若干。

练习人数：6 ~ 12 人（视实际情况而定）。

练习时间：1 ~ 20 分钟。

练习场地：教练员与队员相距 5 ~ 10 米（可根据实际情况进行调整）。

组织方法：

队员双脚成外八字形，教练员用手向队员抛球，接球队员通过足球发出的声音辨别，或教练员通过声音引导队员向足球落点处移动，队员用脚触球，最后将球停在可控范围内。

指导要点：

1. 训练时，教练员应保证场地四周空旷，没有危及队员安全的障碍物，场地附近没有其他危及队员安全的隐患。

2. 教练员通过声音引导队员站到目标地点，并用手抛球到该队员脚下，抛球的同时要用声音引导接球队员。

3. 队员听声辨位接球并用脚控制球，可重复练习脚内侧交替运球动作，最后再将球用脚传出。

主题：推拉球与变向运球	水平阶段：初级

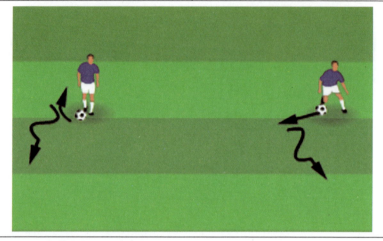

练习器材：足球若干、标志服若干。

练习人数：6 ~ 12 人（视实际情况而定）。

练习时间：15 ~ 20 分钟。

练习场地：20 米 ×20 米（可根据实际情况进行调整）。

组织方法：

1. 队员每人一球。

2. 在规定区域内进行推拉球与变向运球练习。

指导要点：

1. 训练时，教练员应保证场地四周空旷，没有危及队员安全的障碍物，场地附近没有其他危及队员安全的隐患。

2. 队员复习用脚内侧交替运球进行直线行走。

3. 开始阶段，队员原地做推拉球变向动作，熟练后可由慢至快进行练习。

4. 开始主要采用原地练习，教练员用手握住队员的脚，帮助队员找到触球的正确部位；也可以示范正确动作，让队员触摸和感知。

5. 在做推拉球与变向运球动作时，一旦队员失去对足球的控制，教练员一定要持续呼喊"WOYI，WOYI……"，通过声音引导、帮助队员寻找足球。同时，教练员要及时进行辅助，防止队员相撞受伤。

主题：运球射门	水平阶段：初级

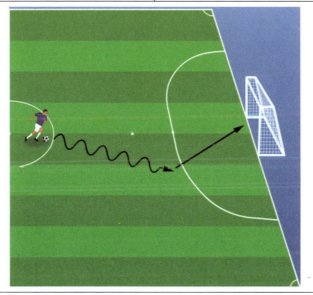

练习器材： 足球若干、标志服若干、球门1个。

练习人数： 6 ~ 12人（视实际情况而定）。

练习时间： 20分钟。

练习场地： 20米×20米（可根据实际情况进行调整）。

组织方法：

1. 队员每人一球。

2. 队员在规定区域内做脚内侧交替运球、推拉球与变向运球练习。在运球过程中，教练员引导队员结合射门进行练习。射门通常是用脚内侧、脚背正面或脚尖完成。

指导要点：

1. 训练时，教练员应保证场地四周空旷，没有危及队员安全的障碍物，在场地附近没有其他危及队员安全的隐患。

2. 以右脚踢球为例。直线助跑，左脚支撑在球的侧方约15厘米处，脚尖指向出球方向，膝关节微屈；同时，右脚内侧、脚背正面或脚尖正对出球方向，小腿急速向前摆动，用右脚内侧、脚背正面或脚尖部位击球的中后部。

3. 开始主要采用原地练习，教练员用手握住队员的脚，帮助队员找到触球的正确部位；也可以示范正确动作，让队员触摸和感知。

4. 教练员及时利用声音引导队员，要及时给出球门方向和球门位置。建议教练员手持引导棒敲击球门。

主题：定位球	水平阶段：初级

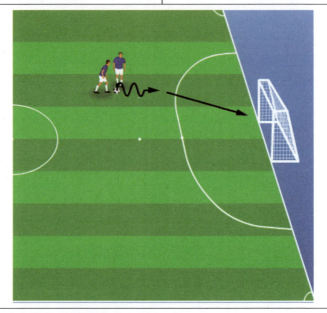

练习器材：足球若干、标志服若干、球门1个。

练习人数：6 ~ 12人（视实际情况而定）。

练习时间：15 ~ 20分钟。

练习场地：20米 ×20米（可根据实际情况进行调整）。

组织方法：

队员在规定区域内进行踢定位球练习。在踢定位球时，由一名队员将球踩住，另一名队员将脚贴到球上，裁判员鸣哨后该队员将球带走（球点球除外）。

指导要点：

1. 训练时，教练员应保证场地四周空旷，没有危及队员安全的障碍物，场地附近没有其他危及队员安全的隐患。

2. 教练员及时利用声音引导队员，要及时给出球门方向和球门位置。建议教练员手持引导棒敲击球门。

四、赛事规程指导案例

以残疾人民间足球争霸赛竞赛规程为例。

（一）比赛名称

分区赛：残疾人民间足球争霸赛分区赛暨残疾人城市足球挑战赛。

年终总决赛：残疾人民间足球争霸赛年终总决赛。

（二）组织机构

主办单位：中国残疾人体育运动管理中心

支持单位：中国足球协会

分区赛承办单位：各有关单位

（三）比赛时间、地点

赛事分为分区赛和年终总决赛两个阶段。其中，分区赛定于××××年××月××日—××月××日，在各省（自治区、直辖市）举行；年终总决赛定于××××年××月××日—××月××日，在中国残疾人体育运动管理中心举行。

（四）竞赛项目及分组

1.聋人组男子五人制。

2.聋人组女子五人制（分区赛暂不设项）。

3.特奥融合组五人制。

4.盲人组男子五人制（分区赛暂不设项）。

（五）参赛资格

（1）参赛运动员凭残疾人证、二代身份证或省级智商测试机构出具的智商证明参赛，所持残疾人证的残疾类别须为听力残疾、视力残疾或智力残疾。

（2）分区赛和年终总决赛的参赛单位必须为所有运动员及融合伙伴办理人身意外伤害保险。

（3）距离报名截止时间半年内，参赛运动员须经二级甲等（含）以上医务部门检查，证明身体健康状况适合参加所报项目的比赛。

（4）特奥融合组参赛运动员家长或监护人必须签署《运动员参赛声明书》。

（5）融合伙伴年龄为12～18岁（出生日期为××××年××月××日—××××年××月××日），均可报名参赛。

（6）唐氏综合征运动员不能报名参加本次比赛。

（六）参赛办法

（1）应由相关省（自治区、直辖市）残疾人联合会、残疾人体育协会推荐，由学校、社区或俱乐部组队报名。

（2）应由学校、残疾人专门协会、残疾人康复（托养）机构、残疾人体育俱乐部等单位组队代表本省（自治区、直辖市）参赛，可由一个或多个机构组队参赛。

（3）每个单位限报聋人组男子、特奥融合组各1支队伍，每队限报运动员8名（特奥融合组男女不限）、工作人员2名。

（4）分区赛设聋人组男子、特奥融合组，各组优胜队伍晋级年终总决赛。

（5）年终总决赛设立聋人组男子、聋人组女子、盲人组男子及特奥融合组，其中聋人组女子和盲人组男子比赛以邀请报名的方式参赛。

（七）竞赛办法

1.竞赛规则

（1）聋人足球采用国际足联最新审定的室内五人制足球竞赛规则。

（2）特奥足球规则以国际足联最新足球项目规则为基础编写，当特殊奥林匹克运动足球规则与国际足联或国家足球项目机构规则不一致时，遵照特殊奥林匹克运动足球规则进行。

（3）盲人足球采用国际盲人体育联合会最新审定的五人制盲人足

球竞赛规则。

（4）各项目竞赛补充规定由中国残疾人体育运动管理中心另行通知。

2.竞赛形式

（1）各有关单位根据实际情况组织分区赛，各组别不少于4支参赛球队。

（2）分区赛、年终总决赛参赛队伍在8支（含）以下时，采取单循环制；参赛队伍为8支以上时，第一阶段采取分组循环制，第二阶段将视分组情况决定赛制。

3.竞赛规定

（1）如果某队无故弃权，判罚该队所有比赛成绩（包括已赛和未赛的场次）为每场0：3负于对方。

（2）分区赛、年终总决赛期间参照中国足球协会有关违规违纪处罚办法及中国残疾人联合会的有关违规违纪规定进行处罚。

4.技术规定

【聋人组】

（1）比赛时运动员不允许佩戴助听器。

（2）每场比赛开始前40分钟，各队教练员必须提交首发上场队员5人和替补队员5人的名单，替换队员不受限制，可重复替换上场。

（3）运动员在比赛中被裁判员出示红牌自动失去本场和下一场比赛资格；比赛中累计2张黄牌将停赛一场，第一阶段的红牌、黄牌将被带入第二阶段。

（4）每场比赛50分钟，上半场、下半场各25分钟，中场休息10分钟。

（5）比赛服装要求：

①每队必须准备2套以上颜色深浅不同的服装，守门员的服装颜

色应与运动员和裁判员有明显区别。

②运动员比赛服装的号码为1～10号，应与报名表号码相符，无号、重号一律不得参加比赛。

③场上队长必须自备6厘米宽、颜色与上衣有明显区别的袖标。

④比赛用鞋一般为皮制人工草地碎钉鞋（钢钉、铁钉、天然草地多钉鞋除外），场上队员必须佩戴护腿板参赛。

（6）比赛用球一律使用经中国足球协会批准使用的5号球，由组委会提供，训练用球由各队自备。

（7）比赛场地使用五人制足球竞赛人造草皮场地或天然草场地。

（8）计分和决定名次的办法：

①各队胜一场得3分，平一场得1分，负一场记0分。

②如遇2个或2个以上队积分相等，以积分相等队间相互比赛的结果决定名次（相互间胜负关系、相互间净胜球、相互间进球总和、全部比赛净胜球、全部比赛进球总和）；如果仍相等，以抽签决定名次。

③如进行第二阶段比赛，计分和决定名次的办法将在补充通知中说明。

【特奥融合组】

（1）提交上场队员和替补队员名单时间，参照聋人组规定；替换队员不受限制，可重复替换上场。

（2）每队场上只允许有一名融合伙伴参赛，该名融合伙伴在比赛进行时的任何情况下都不能进入对方罚球区；如融合伙伴进入对方罚球区，由对方队员罚间接任意球。

（3）为保护特奥运动员人身安全，比赛中融合伙伴不允许射门；若由融合伙伴造成直接进球或间接进球（包括本方队员或对方队员），将由对方守门员发球门球。

（4）每次上场队员5名，其中守门员必须是特奥运动员。

（5）每场比赛时间为 30 分钟，上半场、下半场各 15 分钟，中场休息 10 分钟。

（6）红黄牌累计、比赛服装、比赛用鞋、比赛用球、比赛场地要求及计分和决定名次的办法，参照聋人组规定。

【盲人组】

（1）参赛运动员为 B1 级全盲运动员，守门员可以是 B2 级、B3 级或无视力障碍的运动员，但必须是至少 3 年未在中国足球协会注册的运动员。

（2）每场比赛开始前 40 分钟，各队教练员必须提交上场队员和替补队员名单，上场队员 5 人，替补队员 5 人，上半场、下半场可各进行 6 次换人；每场比赛中，队员个人犯规累计达到 5 次将被罚下并由替补队员替换；队伍累计犯规 6 次罚 8 米点球；如上场队员被罚令出场，小罚时间为 2 分钟。

（3）运动员在比赛中被裁判员出示红牌或累计 3 张黄牌将给予停赛一场。

（4）每场比赛 40 分钟，上半场、下半场各 20 分钟（时间为净时），中场休息 10 分钟。

（5）明显延误进攻，运动员控球 40 秒如果不进攻则视为犯规。

（6）球门宽度为 3.66 米，高度为 2.14 米。

（7）中圈弧半径为 5 米。

（8）所有运动员参赛时，双眼必须佩戴眼贴、眼罩，不限制眼贴、眼罩品牌。

（9）比赛用鞋、比赛服装要求参照聋人组规定。

（10）比赛用球由组委会提供，训练用球由各队自备。

（11）比赛场地使用五人制足球竞赛人造草皮场地。

（12）计分和决定名次的办法：

①使用循环赛计分和决定名次的办法。

②各队胜一场记 3 分，负一场记 0 分，全场 40 分钟的比赛未决出胜负时，以罚球点球决出胜负。

③40 分钟内成平局，均以互罚球点球决出胜负，获胜队得 2 分，负队得 1 分。

④如遇 2 个或 2 个以上队积分相等，以积分相等队间相互比赛的结果决定名次（相互间胜负关系、相互间净胜球、相互间进球总和、全部比赛净胜球、除点球决胜球数外的全部比赛进球总和）；如果仍相等，以抽签决定名次。

⑤如进行第二阶段比赛，计分和决定名次的办法将在补充通知中说明。

（八）奖励办法

（1）凡在分区赛、年终总决赛取得名次的运动队均给予奖励。前三名颁发奖牌和证书，第四名至第八名颁发证书。

（2）组委会设"体育道德风尚奖"，评选办法另发。

（九）技术官员要求

1. 分区赛

分区赛的比赛监督、技术代表、裁判长及裁判员均由承办单位自行选派。

2. 年终总决赛

年终总决赛除主办单位委派的比赛监督、裁判监督及裁判员等技术官员外，其他技术官员均由承办单位负责安排。

（十）报名、报到及离会

1. 分区赛

分区赛报名、报到及离会按照各承办单位比赛补充通知要求执行。

2.年终总决赛

（1）报名。

各单位于××××年××月××日前，以邮件的形式将电子版报名表发送至主办单位电子邮箱及承办单位电子邮箱，不再接收纸质版报名表。

（2）报到。

各单位于××××年××月××日报到，提前报到须与承办单位联系。

（3）离会。

各单位于××××年××月××日前离会。

（十一）费用

1.分区赛

分区赛由中国残疾人体育运动管理中心提供办赛基础经费补贴，不足部分由承办单位自行承担。

2.年终总决赛

（1）在规定人数内的各代表队人员，食宿由主办单位承担，赛会期间运动员保险及往返差旅费由各队自理。

（2）超编工作人员及运动员以及提前抵达或推迟离会的人员，食宿及交通费用自理，根据实际发生，按照赛会食宿标准收取。各代表队如有特殊需求，请提前告知。

3.其他

中国残疾人体育运动管理中心选派的技术官员差旅费（原则上为火车硬卧或高铁动车二等座）、劳务费及赛会期间食宿费由组委会承担。

（十二）联系方式

中国残疾人体育运动管理中心。

本方案的修改权、解释权属于主办单位。未尽事宜，另行通知。

五、附表

残疾人民间足球争霸赛报名表

（特奥融合组）

单位：　　　　　　　　领队：　　　　　　　　联系电话：

	号码	姓名	性别	出生日期	民族	级别	队内职务	身份证号码	融合伙伴（注明）
运动员									
	运动员总人数				工作人员总人数				

服装颜色

上衣		下衣	

填表人：　　　　　　　　　　　　填表日期：

残疾人民间足球争霸赛报名表

（聋人组及盲人组）

单位：　　　　　　　　领队：　　　　　　　　联系电话：

	号码	姓名	性别	出生日期	身份证号码	民族	队内职务	备注
运动员								
	运动员总人数				工作人员总人数			

服装颜色

上衣		下衣	

填表人：　　　　　　　　　　　　　填表日期：

残疾人民间足球争霸赛运动员
（家长或监护人）参赛声明书

姓名		性别		出生日期	
工作或学习单位				监护人	
省份		紧急情况联系方式			

声明

　　我（我的未成年孩子）自愿参加残疾人民间足球争霸赛，身体状况经县级以上医务部门检查，可以参加比赛。我（我的未成年孩子）若在比赛中发生任何意外事故，我（我的未成年孩子）授权组委会采取任何必要的措施（甚至入院治疗）来保证生命和健康。

　　我（我的未成年孩子）保证不会向组委会及其工作人员以及运动会志愿者等提出诉讼；保证不向有关方面提出承担责任、支付赔偿金、弥补损失等请求。如果有人无视这份声明书，以我的名义提出任何与本保证书相悖的主张，我会主动放弃对方提出的起诉费、律师费、赔偿金等费用的请求。

　　我（我的未成年孩子）同意在本次比赛有关的宣传方面，组委会有权无偿使用本人的肖像和姓名。

运动员姓名：　　　　　　　　　家长（监护人）签名：

　　　　　　　　　　　　　　　　　　　　　　　年　　月　　日

足球专用手语

本部分用二维码的形式将残疾人大众足球涉及的相关足球专用手语进行汇总，读者可扫描对应的二维码观看视频。

一、关于足球

足球	半场	休息	开始
队	教练	提交	名单
替换	准备	不同	队员
守门员	服装	超过	接触
结束	号码	背心	珠宝
戒指	饰物	造成	危险

眼镜	清楚	故意	阻拦
违例	符合	规则	填写
填表	转身	预赛	实用性
占用	水平	选择	采用
进行	预备	口令	完成
动作	合理	正常	每次

试（试一试）	过程	失败	犯规
自由	高度	坚硬	局
连续	发球	发现	错误
有效	团体	双方	队长
抽签	顺序	间歇	到达
离开	主动	被动	进攻

防守　　　　拖（拖延）　　　控制　　　　路线

优势　　　　传球　　　　　边路　　　　基础

技术

二、关于裁判员

裁判员　　　手势　　　　　请求　　　　暂停

派　　　　　不足　　　　　负责　　　　联系

助理　　　　结果　　　　　判决　　　　记录员

计时员	加时赛	补时	坠球
恢复	有利	欺骗	粗鲁
暴力	行为	评估	罚
公平	不公平	累计	黄牌
红牌	间接任意球	点球	边线球

三、日常用语

| 一定 | 不 | 为什么 | 任何 |

屡次	门	首先	其次
然后	最后	按照	针对
沿着	长	宽	高
小	多	少	左
右	大	近	中
远	内	外	快

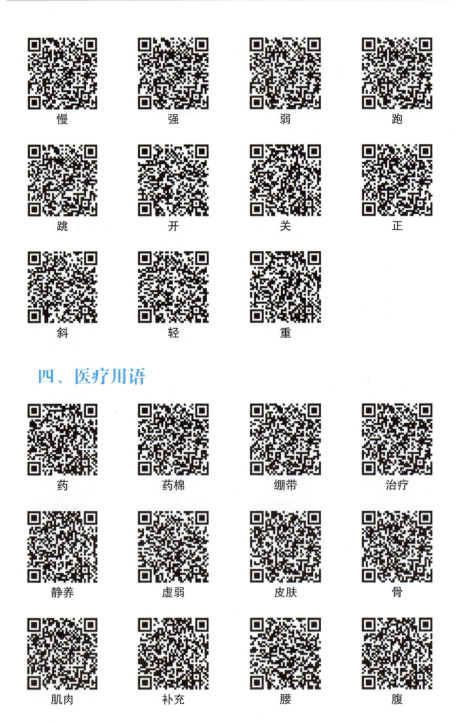

慢　　　　强　　　　弱　　　　跑

跳　　　　开　　　　关　　　　正

斜　　　　轻　　　　重

四、医疗用语

药　　　　药棉　　　绷带　　　治疗

静养　　　虚弱　　　皮肤　　　骨

肌肉　　　补充　　　腰　　　　腹

胸　　　　扭伤　　　　疼痛　　　　破

五、关于颜色

颜色　　　　红　　　　粉红　　　　黄

绿　　　　青　　　　蓝　　　　紫

黑　　　　白　　　　灰　　　　棕

花纹

附录

附录 1

办赛流程对照表

阶段目标		工作任务	具体要求	完成情况
筹备阶段	确定赛事文字材料	1. 制订赛事实施方案及经费预算	（1）赛前8个月，明确赛事概况、实施步骤、职责分工； （2）按照财务标准执行。	
		2. 竞赛规则	采用国际、国内单项组织认可的最新竞赛规则，以及由中国残奥委员会、中国聋人体育协会、中国特奥委员会最新审定的各项目竞赛规则。	
		3. 竞赛规程	确定主办单位、承办单位、时间、地点、参赛单位、参赛办法、竞赛办法、各饮录取与奖励办法、技术官员、报名、报到及离会、联络方式等。	
		4. 发布赛事通知	赛前6个月。	
		5. 发布赛事补充通知	（1）赛前45天； （2）明确比赛地点、报到及离会时间、日程安排、参赛队抵离信息、资格审查材料、费用、联系人及有关联系方式； （3）明确疫情防控及安全工作方案。	
		6. 赛事秩序册及服务手册	（1）赛前7天； （2）依据竞赛规程，确定组委会名单、工作机构及人员、仲裁委员会、资格审查委员会、裁判员名单、各参赛队人员名单、竞赛日程、人员统计表、服务信息、疫情防控及安全工作方案。	

续表

阶段目标		工作任务	具体要求	完成情况
	做好筹备工作	1. 报名及抵离信息	赛前 15—45 天，联络参赛单位	
		2. 第一次资格审查	反馈参赛单位	
		3. 准备工作	落实《赛前检查项目对照表》（附录 2）中相关工作	
	完成赛前检查	赛事负责人、比赛监督或裁判监督检查赛区前期工作	（1）赛前 30 天； （2）根据《赛前检查项目对照表》中相关工作，完成评价建议。	
实施阶段		1. 人员报到	（1）安排有关人员（参赛队、技术官员）及车辆； （2）收取相关费用，办理入住手续； （3）发放组委会证件及赛事资料	
		2. 资格审查	根据竞赛规程及补充通知有关技术要求，进行现场资格审查。	
		3. 适应场地	安排赛前训练。	
	确保赛事正常运行	4. 裁判员培训	组织有关裁判员开展赛前线下或线上技术培训。	
		5. 复查场地器材	赛前技术代表及裁判长对场地器材再次检查，针对问题及时调整，保证供标准场地。	
		6. 领队技术会	（1）会场布置，发布会议信息； （2）裁判组进行赛确认； （3）运动队抽签、公布竞赛日程及确定比赛服装颜色。	

125

续表

阶段目标	工作任务	具体要求	完成情况
实施阶段 确保赛事正常运行	7. 开幕式、闭幕式及颁奖	（1）布置开幕式、闭幕式场地； （2）确定参加领导和嘉宾； （3）组织各队参加开幕式、闭幕式； （4）组织颁奖仪式（闭幕式）。	
	8. 突发事件应急处理	（1）根据竞赛规则、竞赛规程、仲裁工作条例、体育道德风尚奖评选办法及组委会工作规定，配合技术代表及裁判长处理赛时突发事件，确保赛事顺利进行； （2）详见《突发事件应急预案细则》（附录3）。	
	9. 技术官员劳务费	根据财务有关规定，协助技术官员办理差旅费报销及领取赛事劳务费。	
	10. 宣传媒体	（1）媒体邀请，记者接待； （2）采集赛事视频及照片资料； （3）发布赛事新闻。	
	11. 离会	核查返程信息，安排送站人员及车辆，办理退房手续。	
收尾阶段 总结亮点和不足，积累经验。	1. 赛后清场	恢复场地，清点并回收器材及物资。	
	2. 材料归档	汇总比赛相关资料。	
	3. 赛事经费决算	赛后15日内，撰写并上报赛事总结及决算，提供赛事总结、决算明细、秩序册及成绩册。事业单位在来收据或发票。	

注：完成请用"√"表示；未完成请注明原因及预计完成时间。

附录 2

赛前检查项目对照表

赛事名称				
承办单位				
赛场名称			住地名称	
赛场与机场距离		（千米）	赛场与火车站距离	（千米）
序号	项目类型	检查内容及情况		总体评价
1	场地	1. 比赛及训练场地符合规定		（合格　不合格）
		2. 场地消防及安全资质		（合格　不合格）
		3. 场地整体平面示意图		（合格　不合格）
		4. 指示标志牌和警示标志牌		（合格　不合格）
		5. 无障碍设施或坡道		（合格　不合格）
		6. 轮椅及器材存放区		（合格　不合格）
		7. 技术官员工作室设施（传真 / 电脑 / 打印机）		（合格　不合格）
		8. 器材维修区		（合格　不合格）
2	食宿	1. 食宿保障方案及应急预案		（合格　不合格）
		2. 卫生许可证		（合格　不合格）
		3. 清真食品		（合格　不合格）
		4. 50 人的会议室及相应电子设备		（合格　不合格）
		5. 24 小时热水及冷热空调		（合格　不合格）
		6. 无障碍设施或坡道、残疾人专用扶手等设施		（合格　不合格）
		7. 轮椅人员餐台		（合格　不合格）
3	竞赛	1. 竞赛管理工作方案及应急预案		（合格　不合格）
		2. 组委会名单		（合格　不合格）
		3. 组委会工作机构		（合格　不合格）
		4. 奖杯、奖牌、证书及组委会用章		（合格　不合格）
		5. 本地技术官员数量		（合格　不合格）
		6. 资格审查工作室设施（传真 / 电脑 / 打印机）		（合格　不合格）
4	器材	1. 器材与电子设备、物资需求保障方案及预案		（合格　不合格）
		2. 须符合规则标准，满足赛事数量需求		（合格　不合格）
5	医疗	1. 医疗保障方案及预案		（合格　不合格）
		2. 赛场医疗区域		（合格　不合格）
		3. 酒店医疗室		（合格　不合格）
		4. 转诊医院（综合性）		（合格　不合格）
5	医疗	5. 常备小药箱		（合格　不合格）

续表

赛事名称				
承办单位				
赛场名称		住地名称		
赛场与机场距离	（千米）	赛场与火车站距离		（千米）
序号	项目类型	检查内容及情况	总体评价	
6	交通	1. 交通保障方案及预案	（合格　不合格）	
		2. 赛事车辆运行计划	（合格　不合格）	
		3. 24 小时医疗车辆（无障碍车辆或普通轿车）	（合格　不合格）	
		4. 无障碍大巴	（合格　不合格）	
7	志愿者	1. 志愿者招募工作方案及应急预案	（合格　不合格）	
		2. 专业知识培训计划	（合格　不合格）	
		3. 岗位细则培训计划	（合格　不合格）	
		4. 应急食宿及交通工作计划	（合格　不合格）	
		5. 志愿者服务证书	（合格　不合格）	
8	颁奖	1. 颁奖方案及预案	（合格　不合格）	
		2. 运动员及嘉宾等候区	（合格　不合格）	
		3. 颁奖台无障碍设施	（合格　不合格）	
		4. 颁奖礼仪人员培训计划	（合格　不合格）	
9	媒体宣传	1. 媒体宣传工作方案及预案	（合格　不合格）	
		2. 媒体采访区	（合格　不合格）	
		3. 媒体工作室（电视 / 电脑 / 传真）	（合格　不合格）	
10	安保	1. 安保工作方案及预案	（合格　不合格）	
		2. 安保工作室（酒店、赛场）	（合格　不合格）	

总体评价及改进建议（多可另附页）：

检查人签字：　　　　　　　　　　检查日期：

注：请逐项填写内容，在"总体评价"栏目的括号内相应选项上画"√"。

附录 3

突发事件应急预案细则

预案编码	事件名称	主责业务口
1	运动员伤病	医疗
2	恶劣天气影响比赛	竞赛
3	场地、器材损坏或故障	竞赛
4	运动队与服务人员发生冲突	安保
5	运动队弃权、罢赛或打骂裁判员	竞赛
6	断电事故	后勤
7	颁奖运动员未到场	竞赛
8	食物中毒	医疗、后勤
9	车辆故障	后勤
10	负面新闻事件报道	新闻宣传
11	地震、火灾	各业务口
12	可疑物品或恐怖威胁	安保

预案编码：1				
事件名称	运动员伤病			
上报流程	裁判—医疗业务口—组委会			
场景描述	比赛期间，运动员意外受伤			
应对预案	应对步骤	主责业务口	配合	资源需求
	依据伤病情况及工作程序对运动员采取保护措施并进行轮换，确保比赛继续进行	医疗	交通	急救设施、救护车
	通知医疗业务口对运动员进行急救			
	医疗业务口现场处理后决定是否送往医院救治			
	医疗业务口将有关情况上报组委会			

129

预案编码：2					
事件名称	恶劣天气影响比赛				
上报流程	竞赛业务口—组委会				
场景描述	因天气恶劣或未知因素，不能按时比赛				
应对预案	应对步骤		主责业务口	配合	资源需求
	根据竞赛规则及工作程序，由裁判长提出比赛推迟，并报告组委会		竞赛	各代表队及服务部门	—
	如果比赛推迟，竞赛业务口通知各代表队				
	技术代表第一时间向组委会报告				

预案编码：3					
事件名称	场地、器材损坏或故障				
上报流程	竞赛业务口—组委会				
场景描述	比赛期间，场地器材损坏或故障，影响比赛正常进行				
应对预案	应对步骤		主责业务口	配合	资源需求
	竞赛业务口立即报告相关管理人员，启动备用器材		竞赛	—	—
	由裁判长决定是否启用备用器材，并报告组委会				

预案编码：4	
事件名称	运动队与服务人员发生冲突
上报流程	当事服务人员—安保业务口—比赛监督
场景描述	运动队因各种原因与服务人员发生冲突

应对预案	应对步骤	主责业务口	配合	资源需求
	当事服务人员通知安保业务口，使其了解情况查明原因	安保	有关业务口	—
	安保业务口安抚运动队			
	如事态严重，上报比赛监督			
	比赛监督联系相关省（自治区、直辖市）体育主管部门			

预案编码：5	
事件名称	运动队弃权、罢赛或打骂裁判员
上报流程	竞赛业务口—组委会
场景描述	运动队对比赛判罚不满，进而发展为打骂裁判员

应对预案	应对步骤	主责业务口	配合	资源需求
	由裁判长及技术代表及时处理，安抚运动队，确保比赛继续进行	竞赛	安保	急救设施、救护车
	如事态严重，请安保业务口控制事态发展			
	如有人受伤，通知医疗业务口，现场处理后决定是否送往医院救治			
	裁判长及技术代表文字上报组委会			
	组委会根据仲裁工作条例及体育道德风尚奖评选办法，处理有关运动队或当事人，通报赛区及相关省（自治区、直辖市）体育主管部门			

131

预案编码：6				
事件名称	断电事故			
上报流程	竞赛业务口—组委会			
场景描述	比赛期间，由于供电或电路故障影响比赛进行，造成比赛中断			
应对预案	应对步骤	主责业务口	配合	资源需求
	后勤业务口迅速了解故障原因	后勤	竞赛、安保	—
	竞赛业务口、安保业务口维护管辖区内的秩序			
	故障排除后，确认比赛器材正常运转达到比赛要求，由裁判长决定比赛开始时间			
	竞赛业务口第一时间通知组委会			

预案编码：7				
事件名称	颁奖运动员未到场			
上报流程	竞赛业务口—组委会			
场景描述	比赛期间，运动员因各种原因未抵达颁奖地点			
应对预案	应对步骤	主责业务口	配合	资源需求
	颁奖人员立即通知竞赛业务口	竞赛	各代表队	—
	竞赛业务口设法联系各代表队并通知组委会			
	由组委会决定是否正常颁奖			

预案编码：8				
事件名称	食物中毒			
上报流程	医疗业务口、后勤业务口—竞赛业务口—组委会			
场景描述	比赛期间，由于食品卫生原因，引起的食物中毒，造成运动员无法比赛			
应对预案	应对步骤	主责业务口	配合	资源需求
	由医疗业务口迅速了解中毒原因并进行急救	医疗、后勤	竞赛	急救设施、救护车
	医疗业务口现场处理后决定是否送往医院			
	将有关情况通报竞赛业务口并上报组委会			
	竞赛业务口根据规则确定运动员是否参赛			

预案编码：9				
事件名称	车辆故障			
上报流程	后勤业务口—组委会、竞赛业务口			
场景描述	车辆出现故障，导致任务无法继续完成			
应对预案	应对步骤	主责业务口	配合	资源需求
	当事车辆负责人迅速通知后勤业务口	后勤	竞赛	—
	后勤业务口立即替换故障车并通知竞赛业务口			
	当事车辆负责人安排运动队就近休息，确保其人身安全			
	后勤业务口第一时间通知组委会			

预案编码：10				
事件名称	负面新闻事件报道			
上报流程	新闻宣传业务口—组委会			
场景描述	比赛期间，因各种原因出现负面新闻事件报道，引起不良影响			
应对预案	应对步骤	主责业务口	配合	资源需求
	新闻宣传业务口立即了解事件原因并及时上报组委会	新闻宣传	—	—
	组委会通过主流媒体正式发布事件原因并辟谣			

预案编码：11				
事件名称	地震、火灾			
上报流程	裁判长—组委会			
场景描述	比赛期间，因地震、火灾等不可预测原因中断比赛			
应对预案	应对步骤	主责业务口	配合	资源需求
	比赛期间，若发生上述事件，各业务口应迅速组织人员有序撤离比赛场地，确保所有人员人身安全	各业务口	各业务口	—

预案编码：12

事件名称	可疑物品或恐怖威胁
上报流程	安保业务口—组委会
场景描述	比赛期间，有人举报比赛区内有疑似爆炸物影响比赛

应对预案	应对步骤	主责业务口	配合	资源需求
	接报后，安保业务口立即上报组委会	安保	各业务口	—
	各业务口立即组织人员有序撤离现场			
	根据公安有关要求由安保业务口组织搜爆			
	根据搜爆情况，由裁判长确认比赛是否恢复并确定比赛开始时间			